Réussissez toutes vos évaluations en IFSI

SEMESTRE 1

2e édition

Collection dirigée par Marie-Claude Moncet

Ouvrage coordonné par

Bruno Delon, infirmier cadre de santé,
formateur à l'IFSI du CHU de Nîmes

Laurent Soyer, infirmier cadre de santé

Nicole Tanda, puéricultrice, cadre de santé

Vuibert

Introduction

« Savoir évaluer l'état de santé d'une personne et analyser les situations de soins ; concevoir et définir des projets de soins personnalisés ; planifier des soins, les prodiguer et les évaluer ; mettre en œuvre des traitements » (*cf.* Définition du métier IDE) suppose l'acquisition de solides savoirs pluridisciplinaires théoriques, pratiques, procéduraux, expérientiels nécessaires au développement des compétences référenciées.

Pour les étudiants, il s'agit aussi de relever le défi des examens, contrôles et travaux d'analyse en cours de formation.

Répondre aux exigences essentielles a été l'objectif des auteurs de l'ouvrage, afin que « les fondamentaux » soient acquis par les étudiants, capables ainsi de prodiguer des soins de qualité en réponse aux besoins de santé des individus et des groupes, quel que soit le secteur d'activité.

Les auteurs ont opté pour une approche visuelle des éléments essentiels fondant chaque unité d'enseignement du référentiel de formation, sous forme de modélisation, afin de donner « envie » d'apprendre, dans une logique d'autoévaluation en cohérence avec les contenus massivement développés dans les ouvrages de la collection Référence IFSI.

Nous espérons que ces séries d'exercices corrigés contribueront à votre réussite dans vos études.

M.-C. Moncet

ISBN : 978-2-311-20484-1
Couverture : Hokus Pokus Créations
Intérieur : Domino

Site Internet : http://www.vuibert.fr

Méthodologie et conseils

Le semestre 1 est marqué par un nombre important d'évaluations. Le programme fixe quelques règles pour la composition des travaux écrits. Il est toutefois indispensable de vous rapprocher de l'équipe de formation pour bien comprendre les attendus de chaque évaluation.

En effet, chaque IFSI ou regroupement d'IFSI peut interpréter avec une certaine latitude les préconisations d'évaluation.

1. Les types d'évaluations

L'évaluation peut être individuelle et réalisée à l'IFSI, ou bien individuelle, réalisée à la maison et rendu un jour dit à l'IFSI.

L'évaluation peut également être réalisée en groupe, soit au sein de l'IFSI, soit à partir d'un travail collectif rendu à une date précise.

Enfin, l'évaluation peut être écrite ou orale. La forme orale n'est pas plus simple que l'écrite. Il est nécessaire de structurer sa présentation et de bien maîtriser les connaissances nécessaires. De plus, vous aurez à faire face au stress du face-à-face avec votre jury.

2. Les types d'UE évaluées

Classiquement, les UE sont classées en trois catégories :

- les UE dites contributives : issues de champs scientifiques non infirmiers, elles contribuent au savoir et à la pratique infirmière ;
- les UE dites cœur de métier ou constitutives, qui sont au cœur des savoirs infirmiers ;
- les UE intégratives, qui visent à la mise en œuvre combinée des savoirs issus d'autres UE.

Toutefois nous vous proposons une autre lecture :

- Certaines UE apportent des savoirs de base indispensables à la compréhension d'autres UE : cycles de la vie et biologie fondamentale pour les UE de processus pathologiques, par exemple.
- Certaines UE proposent l'utilisation de ces savoirs de base au sein d'une pratique infirmière : UE de processus pathologiques, de soins infirmiers pour les UE intégratives.

Ces éléments doivent vous permettre de comprendre que l'on n'apprend pas seulement pour valider l'évaluation d'une UE, mais dans l'objectif de maîtriser plusieurs UE pendant les trois années de formation, et plus précisément en vue d'un exercice professionnel au long cours.

Pour apprendre et réviser les savoirs attendus, il est donc indispensable d'utiliser des méthodes efficaces.

3. Les méthodes de révision

Des travaux scientifiques ont pu tester quelques méthodes de travail et distinguer celles qui fonctionnent de manière satisfaisante et celles qui semblent inefficaces.

Le surlignage des textes et leur lecture répétitive ne suffisent pas pour réviser. Seules, ces méthodes sont improductives. De plus, leur concentration dans les jours qui précèdent le contrôle de connaissances a montré des limites certaines.

Bien sûr, vous allez le constater, réviser de manière efficace demande de l'organisation :

• Distribuer les révisions dans le temps

Il est démontré que la répétition de l'apprentissage dans le temps améliore la mémorisation et la restitution des connaissances. Il est donc indispensable de réactiver régulièrement ce que l'on a appris : lecture rapide du cours le soir même et mise au clair, reprise deux semaines après, puis un mois après la séance initiale. Reprendre les savoirs signifie également retravailler la forme initiale du cours (le reformuler sous forme d'éléments-clés).

• S'auto-évaluer

Après chaque séquence de travail, il est efficace de s'évaluer pour vérifier ce que l'on a compris et retenu. On peut utiliser des formes schématiques, telles que cartes mentales ou tableaux à remplir.

• Catégoriser

Organiser les informations par catégories permet de mieux les mémoriser. Ces catégories peuvent être classées dans un tableau ou dans une carte mentale, comme mentionné ci-dessus.

• Se tester en groupe

– Le travail de groupe permet de vérifier notre bonne compréhension.

– Le groupe doit cependant être de taille modeste (idéalement 3 à 5).

– Le travail peut se faire à partir d'exposés croisés : par exemple, chaque membre du groupe présente une pathologie ou un concept, avec ses caractéristiques. Les autres membres critiquent, comparent, proposent, etc.

– Il peut également se faire à partir d'un jeu de questions et réponses. Chaque membre du groupe prépare un lot de questions et de réponses sur un thème particulier. Il interroge les autres membres, attend leurs réponses et propose la « bonne » solution. Le groupe peut alors discuter la forme de la question et le contenu de la réponse. Cet exercice permet également de s'habituer au système QCM/QROC.

Retrouvez tous les QCM de l'ouvrage en ligne !

Le lien est indiqué en début de chaque QCM.

Sommaire

UE 1.1

PSYCHOLOGIE, SOCIOLOGIE, ANTHROPOLOGIE

Rappels des objectifs et contenus

Objectif 1

Caractériser les principaux concepts en psychologie, psychologie sociale

Objectif 2

Identifier les étapes du développement psychologique, cognitif, psychomoteur de l'homme

UE 1.1 S1
Psychologie, Sociologie, Anthropologie

Objectif 3

Expliciter le caractère unique de l'expérience de santé vécue par une personne

Objectif 4

Identifier les caractéristiques psychologiques pouvant influencer la représentation de la santé et de la maladie chez une personne ou un groupe de personne et la participation aux soins

Éléments de contenu :

- Les grands domaines de la psychologie : psychologie cognitive, psychopathologie, psychologie sociale, psychologie de l'enfant et du développement, psychophysiologie, etc.
- Les concepts de base en psychologie cognitive : traitement de l'information, attention, mémoire, représentation mentale, raisonnement, émotions, théories et principes de la communication, etc.
- Les concepts de base en psychologie analytique : conscient, préconscient et inconscient, moi, ça, surmoi, pulsion, mécanismes de défenses, types de relation d'objet, intuition, affects et sentiments, types d'angoisse, attachement, désir, parole, besoin, motivation, etc.
- Le développement de la personne et de la personnalité : psychologique, affectif, psychomoteur, cognitif, langagier, psychosocial, l'inné et l'acquis, le normal et le pathologique, etc.
- Les concepts en psychologie sociale : l'homme social, le lien social, l'affiliation, l'attachement, la parentalité, la socialisation, l'identité sociale, etc.
- Psychologie et santé : approche psychosomatique, schéma et image corporels, qualité de vie, souffrance psychique, mécanismes d'adaptation et de défense, résilience, vulnérabilité, etc.

Auto-évaluation

Complétez le tableau ci-dessous.

Les caractéristiques des groupes (d'après Anzieu et Martin)

Type de groupe	Foule	Bande	Groupement	Groupe primaire	Groupe secondaire
Degré d'organisation					
Durée					
Nombre d'individus					
Relations entre les individus					
Conscience des buts					
Actions communes					

Corrigé

Les caractéristiques des groupes (d'après Anzieu et Martin)

Type de groupe	Foule	Bande	Groupement	Groupe primaire	Groupe secondaire
Degré d'organisation	Très faible	Faible	Moyen	Élevé	Très élevé
Durée	Quelques minutes à quelques jours	Quelques heures à quelques mois	Plusieurs semaines à plusieurs mois	Trois jours à dix ans	Plusieurs mois à plusieurs décennies
Nombre d'individus	Grand	Petit	Petit Moyen Grand	Petit	Moyen ou grand
Relations entre les individus	Faible	Recherche du semblable	Relations humaines superficielles	Relations humaines riches	Relations fonctionnelles
Conscience des buts	Contagion des émotions	Moyenne	Faible à moyenne	Élevée	Faible à élevée
Actions communes	Apathie ou actions paroxystiques	Spontanées mais peu importantes pour le groupe	Résistance passive ou actions limitées	Importantes, spontanées voire novatrices	Importantes, habituelles, planifiées

Entraînements

Psychologie cognitive

QCM lienmini.fr/S1-QCM01

Au moins l'une des réponses proposées est exacte.

1. La relation stimulus-réponse prend en compte :
❍ **a.** l'étude des comportements.
❍ **b.** l'étude de la boîte noire.
❍ **c.** l'étude des processus cognitifs.
❍ **d.** l'étude de l'observable.
❍ **e.** l'étude de la subjectivité.

2. L'empan mnésique est une mesure :
❍ **a.** de la mémoire à long terme.
❍ **b.** du nombre d'éléments retenus immédiatement.
❍ **c.** de la mémoire sensorielle.
❍ **d.** de la capacité à retenir des chiffres.
❍ **e.** de la mémoire à court terme.

3. Un concept majeur du courant behavioriste est :
❍ **a.** la représentation.
❍ **b.** l'image mentale.
❍ **c.** l'inférence.
❍ **d.** l'objectivité.
❍ **e.** l'introspection.

4. Un concept majeur du courant structuraliste est :
❍ **a.** la représentation.
❍ **b.** l'image mentale.
❍ **c.** l'inférence.
❍ **d.** l'objectivité.
❍ **e.** l'introspection.

5. La mémoire de travail présente :
❍ **a.** une capacité illimitée.
❍ **b.** un lien avec la mémoire à long terme.
❍ **c.** un lien avec la mémoire à court terme.
❍ **d.** une capacité pour traiter l'information.
❍ **e.** une capacité pour stocker l'information.

6. La mémoire sémantique fait référence :
❍ **a.** à la mémoire à court terme.
❍ **b.** à la mémoire déclarative.
❍ **c.** à la mémoire à long terme.
❍ **d.** à la mémoire sensorielle.
❍ **e.** à la mémoire de travail.

7. Le concept de représentation mentale fait référence :
❍ **a.** à ce qui est produit par la cognition.
❍ **b.** à une connaissance d'un objet.
❍ **c.** au courant behavioriste.
❍ **d.** à un mécanisme de transformation d'une information.
❍ **e.** à un mécanisme d'enregistrement d'une information.

8. Les concepts majeurs du processus mnésique sont :
❍ **a.** l'encodage de l'information.
❍ **b.** la récupération de l'information.
❍ **c.** le stockage de l'information.
❍ **d.** la capture de l'information.
❍ **e.** la manipulation de l'information.

9. La récupération est :
❍ **a.** une capacité cognitive.
❍ **b.** la dernière étape du traitement de l'information.
❍ **c.** capable de restituer une information immédiate.
❍ **d.** synonyme de stockage.
❍ **e.** synonyme de rappel.

10. L'action de percevoir suppose :
❍ **a.** de voir la réalité des objets.
❍ **b.** d'interpréter la réalité.
❍ **c.** d'activer le système sensoriel.
❍ **d.** un traitement de l'information.
❍ **e.** de copier l'objet réel.

11. Se souvenir de la date de son anniversaire fait appel à :
❍ **a.** la mémoire de travail.
❍ **b.** la mémoire sensorielle.
❍ **c.** la mémoire épisodique.
❍ **d.** la mémoire procédurale.
❍ **e.** la mémoire à long terme.

12. Une émotion est produite par :
❍ **a.** un stimulus.
❍ **b.** une évaluation cognitive.
❍ **c.** une évaluation subjective.

❍ **d.** une réponse de l'organisme.
❍ **e.** une action motrice.

13. Les émotions primaires sont :
❍ **a.** premières dans le développement.
❍ **b.** innées chez la personne.
❍ **c.** apprises au cours du développement.
❍ **d.** spécifiques à chaque culture.
❍ **e.** toutes observables.

14. Les savoirs porteurs de signification sont enregistrés dans :
❍ **a.** la mémoire épisodique.
❍ **b.** la mémoire sémantique.
❍ **c.** la mémoire procédurale.
❍ **d.** la mémoire de travail.
❍ **e.** la mémoire à court terme.

15. Se représenter le sens interdit en voyant un panneau de signalisation de la route fait référence à :
❍ **a.** une représentation mentale analogique.
❍ **b.** une représentation mentale non analogique.
❍ **c.** une image mentale.
❍ **d.** un savoir acquis.
❍ **e.** une connaissance par convention.

QROC

Citez les différentes étapes du traitement de l'information.

Termes à relier et à compléter

1. Reliez chaque type de mémoire à un type d'information correspondant.

Mémoire sémantique •	• Événements biographiques
Mémoire épisodique •	• Habiletés, habitudes
Mémoire procédurale •	• Mots, idées, concepts

2. Complétez le schéma avec les cinq composantes de l'émotion. Indiquez un mot clé pour chacune d'elles.

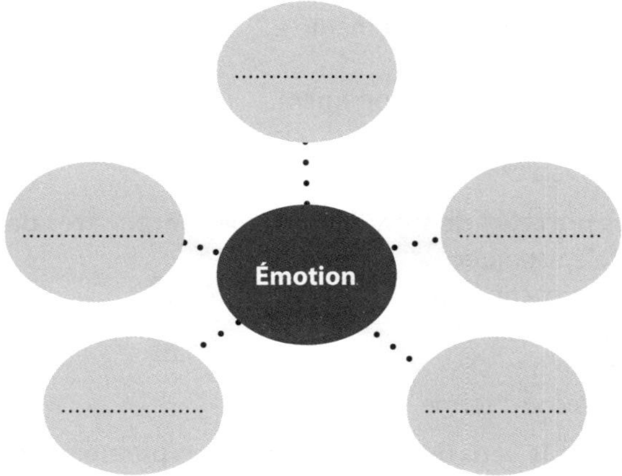

Psychologie du développement

QCM

lienmini.fr/S1-QCM02

Au moins l'une des réponses proposées est exacte.

1. Le processus de développement de l'individu est à l'origine :
❍ **a.** de l'empirisme.
❍ **b.** du fonctionnalisme.
❍ **c.** du comportementalisme.
❍ **d.** de l'innéisme.

2. Dans le courant constructiviste :
❍ **a.** l'acquis constitue la base.
❍ **b.** le développement évolue par stades.
❍ **c.** l'enfant fait référence à ses expériences.
❍ **d.** les stades se succèdent dans le temps.
❍ **e.** un stade de développement est lié à un âge particulier.

3. La théorie du développement de Jean Piaget :
❍ **a.** est appelée théorie comportementaliste.
❍ **b.** est une approche cognitivo-constructiviste.

❍ **c.** postule que tout démarre dès la naissance.
❍ **d.** est fondée sur l'inné.
❍ **e.** est un modèle de développement de l'intelligence chez l'être humain.

4. Un schème :
❍ **a.** résulte de la répétition d'un réflexe.
❍ **b.** est une action.
❍ **c.** permet l'action.
❍ **d.** est une structure psychique.

5. Selon Piaget, l'apprentissage s'effectue grâce à :
❍ **a.** l'adaptation et l'accommodation.
❍ **b.** la répétition d'un réflexe et l'assimilation.
❍ **c.** l'assimilation et l'accommodation.
❍ **d.** l'assimilation et la répétition d'un schème.

6. Lorsque l'on stimule la plante du pied d'Hugo, il relève et écarte les orteils.
❍ **a.** C'est un schème de réaction.
❍ **b.** L'âge d'Hugo est inférieur à 1 mois.
❍ **c.** Hugo est au stade sensori-moteur.
❍ **d.** Le sous-stade correspondant est celui des adaptations et réactions circulaires primaires.

7. Sur la table, il y a cinq animaux. Zoé met à droite le cheval et à gauche les quatre moutons. Elle répond juste à la question « y a-t-il plus de moutons ou plus d'animaux ? »
❍ **a.** Zoé a 4 ans.
❍ **b.** Zoé est dans la période de préparation et d'achèvement des opérations concrètes.
❍ **c.** Le sous-stade concerné est le 6 : invention des moyens nouveaux par combinaison mentale.
❍ **d.** C'est le concept théorique de classification acquise.
❍ **e.** La réponse de Zoé est « il y a plus de moutons ».

8. Jean et Paul sont dans le salon. Jean est le seul à voir que la voiture a été déplacée du placard A vers le coffre B. Il est persuadé que Paul ira la chercher dans le coffre.
❍ **a.** Jean et Paul sont au stade pré-opératoire, ils ont entre 4 et 5 ans.
❍ **b.** Il s'agit du concept théorique de l'erreur « A non B ».
❍ **c.** Il s'agit du concept de la permanence de l'objet.
❍ **d.** Il s'agit du concept d'égocentrisme.

9. Au moment de partir, Pierre, âgé de 3 ans, dit au revoir en agitant sa main.
❍ **a.** Le concept théorique est la causalité.
❍ **b.** Il s'agit du stade pré-opératoire.

❍ **c.** Le concept théorique est le jeu symbolique.
❍ **d.** Le concept théorique est l'imitation différée.

10. Devant Marie, âgée de 13 mois, un cube rouge est placé sous un tissu blanc puis placé sous un tissu bleu. Marie récupère aussitôt son cube en soulevant directement le tissu bleu.
❍ **a.** Le concept théorique est la permanence de l'objet.
❍ **b.** Le stade concerné est le stade sensori-moteur.
❍ **c.** Le sous-stade concerné est le 4 : coordination des schèmes secondaires et leur application à des situations nouvelles.
❍ **d.** Marie ne fait pas l'erreur « A non B ».

11. Un enfant lit « Un = Z est un clown et Deux = Z est effrayant ». Il conclut que le clown est effrayant.
❍ **a.** La période de développement est celle des opérations formelles.
❍ **b.** L'âge de l'enfant se situe entre 12 et 16 ans.
❍ **c.** Il s'agit du concept de raisonnement hypothético-déductif.
❍ **d.** Les acquisitions s'opèrent ici par combinaison d'objets.

12. L'attachement :
❍ **a.** est une théorie développée dans la deuxième moitié du XXe siècle.
❍ **b.** s'intéresse au lien mère-enfant.
❍ **c.** a une fonction adaptative pour les parents et l'enfant.
❍ **d.** est une théorie du comportement instinctif.

13. La théorie de l'attachement a été élaborée par :
❍ **a.** Sigmund Freud.
❍ **b.** Mary Ainsworth.
❍ **c.** John Bowlby.
❍ **d.** Mary Main.

14. Dans la théorie de l'attachement :
❍ **a.** l'attachement répond aux besoins de confort et de sécurité de l'enfant.
❍ **b.** la figure d'attachement privilégiée est obligatoirement la mère.
❍ **c.** un infirmier peut être une figure d'attachement.
❍ **d.** l'enfant aura plusieurs figures d'attachement.
❍ **e.** l'attachement est un besoin social primaire.

15. Concernant le lien d'attachement :
❍ **a.** il en existe plusieurs types.
❍ **b.** John Bowlby en a décrit quatre types.
❍ **c.** Mary Ainsworth en a décrit trois types.
❍ **d.** le type de lien est lié aux réponses apportées aux besoins de l'enfant par la ou les figures d'attachement.

QROC

1. **Quels sont les quatre principaux stades du développement cognitif piagétien ?**
2. **Quelles sont les quatre phases du développement de l'attachement décrites par John Bowlby ?**

Psychologie sociale

QCM

lienmini.fr/S1-QCM03

Au moins l'une des réponses proposées est exacte.

1. La psychologie sociale traite des interactions entre :
❍ **a.** des groupes.
❍ **b.** des individus.
❍ **c.** des sociétés.
❍ **d.** des cultures.

2. Les individus intègrent les éléments dominants d'une culture à travers :
❍ **a.** la conformation.
❍ **b.** l'imitation.
❍ **c.** la contagion.
❍ **d.** la comparaison.

3. Les normes :
❍ **a.** favorisent les situations de conflit.
❍ **b.** réduisent l'ambiguïté des situations.
❍ **c.** sont partagées par tous les membres d'un groupe social.
❍ **d.** sont définitivement stables dans le temps.

4. Lorsqu'un individu doit choisir une position :
❍ **a.** il ne se base que sur ses expériences.
❍ **b.** il tient compte des attentes du groupe.
❍ **c.** il ne se conforme à l'avis du groupe que lorsqu'il le partage.
❍ **d.** il utilise ses connaissances.

5. Un engagement fort peut être obtenu si :
❍ **a.** le contexte de contrainte est fort.
❍ **b.** le contexte de l'acte est couteux.
❍ **c.** les motivations externes de l'acte sont fortes.
❍ **d.** l'acte est réalisé dans un contexte intime.

6. Toute attitude comporte une composante :

❍ **a.** émotionnelle.
❍ **b.** affective.
❍ **c.** cognitive.
❍ **d.** psychique.
❍ **e.** comportementale.

7. Dans les préjugés, la composante dominante est :

❍ **a.** émotionnelle.
❍ **b.** affective.
❍ **c.** cognitive.
❍ **d.** psychique.
❍ **e.** comportementale.

8. Le modèle de communication de Shannon et Weaver contient les notions :

❍ **a.** d'émetteur.
❍ **b.** de récepteur.
❍ **c.** de feedback.
❍ **d.** de codage.

9. Pour l'école de Palo Alto :

❍ **a.** seul le silence est non-communication.
❍ **b.** toute communication comporte deux niveaux.
❍ **c.** toute communication est symétrique.
❍ **d.** le récepteur influe sur le message.

10. Dans la proxémie :

❍ **a.** la distance relationnelle est celle où ne pénètrent que les proches.
❍ **b.** les distances sont identiques quelles que soient les cultures.
❍ **c.** la distance à laquelle un individu laisse approcher un autre individu peut être considérée comme un acte de communication.
❍ **d.** la distance sociale est la distance de sécurité face aux inconnus.

11. Dans l'analyse transactionnelle, sont des états de la personnalité :

❍ **a.** le Moi Parent.
❍ **b.** le Ça Parent.
❍ **c.** le Moi Adulte.
❍ **d.** le Surmoi Parent.

12. Dans l'analyse transactionnelle, le Moi Enfant se divise en Enfant :

❍ **a.** Soumis.
❍ **b.** Rebelle.
❍ **c.** Critique.
❍ **d.** Raisonnable.

13. Parmi les différents types de groupes, on trouve :

❍ **a.** l'ethnie.
❍ **b.** la foule.
❍ **c.** le groupe primaire.
❍ **d.** la bande.

14. La cohésion d'un groupe dépend :

❍ **a.** de sa durée d'existence.
❍ **b.** des modalités de leadership au sein du groupe.
❍ **c.** des niveaux de compétence de ses membres.
❍ **d.** du haut niveau de structuration de son organisation.

15. L'effet de polarisation consiste en :

❍ **a.** l'adoption d'une position commune plus extrême que la position initiale des membres du groupe.
❍ **b.** la focalisation sur des informations internes au détriment des informations externes.
❍ **c.** la résistance aux pressions de changement.
❍ **d.** une modalité coopérative de fonctionnement du groupe.

QROC

1. Quelles différences pouvez-vous faire entre « préjugé » et « stéréotype » ?

2. Les micro-expressions du visage traduisent certaines émotions. Citez ces émotions.

Termes à relier

Associez à chaque type de groupe la caractéristique des relations entre les individus du groupe.

Foule •	• Relations fonctionnelles
Groupe secondaire •	• Contagion des émotions
Bande •	• Relations humaines riches
Groupe primaire •	• Recherche du semblable

Psychologie clinique

QCM

lienmini.fr/S1-QCM04

Au moins l'une des réponses proposées est exacte.

1. La psychologie clinique est l'étude :
❍ **a.** de cas individuels.
❍ **b.** des groupes.
❍ **c.** des processus conscients.
❍ **d.** de la subjectivité.
❍ **e.** de la vie affective.

2. La psychanalyse est une démarche :
❍ **a.** scientifique.
❍ **b.** thérapeutique.
❍ **c.** clinique.
❍ **d.** métapsychologique.
❍ **e.** expérimentale.

3. L'instance psychique du Moi est :
❍ **a.** seulement consciente.
❍ **b.** seulement inconsciente.
❍ **c.** consciente.
❍ **d.** inconsciente.
❍ **e.** régie par le principe de plaisir.

4. L'instance psychique du Surmoi est :
❍ **a.** présente au début de la vie affective.
❍ **b.** héritière du complexe d'Œdipe.
❍ **c.** héritière des interdits moraux et sociaux.
❍ **d.** féroce avec l'instance du Ça.
❍ **e.** en contact avec la réalité.

5. L'instance psychique du Ça est :
❍ **a.** régie par le principe de plaisir.
❍ **b.** régie par le principe de réalité.
❍ **c.** un contenant pulsionnel.
❍ **d.** un contenant d'idées rationnelles.
❍ **e.** en contact avec la réalité.

6. La pulsion est :
❍ **a.** consciente.
❍ **b.** au service des intérêts profonds de la personne.
❍ **c.** présente dans l'instance du Ça.

❍ **d.** satisfaite par un objet pulsionnel.
❍ **e.** satisfaite par une source pulsionnelle.

7. Les pulsions dites d'autoconservation sont :
❍ **a.** des pulsions de vie.
❍ **b.** des pulsions de mort.
❍ **c.** des pulsions sexuelles.
❍ **d.** des pulsions tournées vers le Moi.
❍ **e.** des pulsions tournées vers l'extérieur.

8. La période de latence est une période :
❍ **a.** dite « a-conflictuelle ».
❍ **b.** moins chaude psychiquement.
❍ **c.** propice à la découverte des interdits.
❍ **d.** propice aux apprentissages.
❍ **e.** propice à la découverte de la différence des sexes.

9. Éprouver des sentiments de culpabilité relève d'un conflit psychique entre :
❍ **a.** le Ça et le Surmoi.
❍ **b.** le Moi et le Surmoi.
❍ **c.** le Moi et le Ça.
❍ **d.** le Moi et la réalité.
❍ **e.** le Ça et la réalité.

10. Le refoulement est une opération psychique :
❍ **a.** consciente du Moi.
❍ **b.** de refus de la réalité.
❍ **c.** de rejet des pulsions dangereuses.
❍ **d.** défaillante dans le cas du retour du refoulé.
❍ **e.** efficiente dans le cas du retour du refoulé.

11. Les périodes prégénitales se développent :
❍ **a.** après le complexe d'Œdipe.
❍ **b.** au cours de la sexualité infantile.
❍ **c.** à partir de pulsions libidinales.
❍ **d.** à partir de pulsions unifiées.
❍ **e.** à partir de pulsions dites partielles.

12. L'appareil psychique est considéré comme :
❍ **a.** une représentation topique du psychisme.
❍ **b.** une représentation de l'inconscient.
❍ **c.** une modélisation des instances psychiques.
❍ **d.** une modélisation métapsychologique.
❍ **e.** une modélisation de la conscience.

13. Selon le courant psychanalytique, le rêve est :
❍ **a.** un rejeton de la conscience.
❍ **b.** un rejeton de l'inconscient.
❍ **c.** formé à partir d'un contenu manifeste.
❍ **d.** formé à partir d'un contenu latent.
❍ **e.** porteur des conflits psychiques.

14. D'après la métapsychologie, le point de vue dynamique porte un regard sur :
❍ **a.** les forces contraires en présence.
❍ **b.** les investissements pulsionnels.
❍ **c.** la structure de l'appareil psychique.
❍ **d.** les conflits psychiques.
❍ **e.** l'aspect topique.

15. Un mécanisme de défense est :
❍ **a.** un moyen psychologique utilisé par le Moi.
❍ **b.** un moyen psychologique utilisé par le Ça.
❍ **c.** un moyen psychologique utilisé par le Surmoi.
❍ **d.** conscient.
❍ **e.** inconscient.

QROC

1. Expliquez en quoi « la vie n'est pas facile pour le Moi ».

2. Quels sont la source, le but et l'objet de la phase orale ? De la phase anale ?

Corrigés

Psychologie cognitive

QCM

1. a et **d**.
Le courant behavioriste se focalise sur la seule étude des comportements. Il rompt avec l'étude de la subjectivité par l'introspection. Il s'attache à l'observable (le stimulus et la réponse).

2. b et **e**.
L'empan mnésique est une mesure du nombre d'éléments retenus immédiatement. Il est généralement compris entre 5 et 9 items (7±2 items). Les informations sont enregistrées dans la mémoire à court terme pendant un laps de temps très bref.

3. d.
Pour le courant behavioriste, seule l'objectivité est de rigueur.

4. e.
Le structuralisme est l'un des premiers courants à étudier le psychisme.
Il utilise l'introspection comme méthode d'investigation. Elle résulte de la verbalisation de toutes les pensées afférentes à la réalisation d'une tâche.

5. c, **d** et **e**.
La mémoire de travail est en lien avec la mémoire à court terme. Elle enregistre et traite les informations pour réaliser une tâche donnée. Sa capacité de stockage est limitée. La mémoire de travail est très souvent sollicitée pour des opérations courantes, par exemple lorsque l'on demande à une personne de restituer une liste de chiffres dans un ordre croissant.

6. b et **c**.
La mémoire sémantique fait référence à la mémoire déclarative. Les informations stockées peuvent être restituées mentalement et peuvent être verbalisées, a contrario de la mémoire non déclarative.
Il s'agit d'une mémoire à long terme qui enregistre des données générales et abstraites sur le monde.

7. a, **b** et **d**.
La cognition produit des représentations mentales. Ce sont des connaissances de l'ensemble des stimuli de l'environnement. Elles sont le résultat d'une transformation d'une information par manipulation mentale.

8. a, **b**, **c** et **d**.
La mémorisation fait appel à un traitement de l'information spécifique par une

succession de mécanismes. Les informations sont d'abord perçues (capture), indicées à partir des propriétés (encodage), enregistrées (stockage) et rappelées à la demande (récupération).

9. a, **b** et **e**.

La récupération est une capacité cognitive intégrée dans le traitement de l'information. C'est la capacité à rappeler une ou des informations stockées en mémoire à long terme. La bonne restitution d'une information est la résultante d'un traitement efficient par les premières étapes : un bon encodage et un bon stockage de l'information.

10. b, **c** et **d**.

Percevoir n'est pas voir, dans le sens où il ne s'agit pas d'une simple copie.

On ne perçoit pas la réalité. Il s'agit d'une succession d'étapes relative à un traitement de l'information depuis le système sensoriel jusqu'à la construction d'une représentation mentale de l'objet (en considérant que l'état du système suggère une interprétation).

11. c et **e**.

Se souvenir de la date de son anniversaire fait appel à la mémoire à long terme, à partir de la mémoire épisodique, en particulier autobiographique. La personne se souvient de sa date d'anniversaire mais ne sait pas quand ni où elle a appris cette information.

12. b et **c**.

Une émotion est déclenchée par un stimulus quel qu'il soit (sonore, tactile, olfactif, etc.).

L'émotion est produite par une évaluation cognitive de l'événement. Elle est en écho avec des significations subjectives liées à l'événement. L'émotion peut s'exprimer selon différents modes.

13. a et **b**.

Les émotions primaires sont dites de base. Elles sont universelles et innées.

Les émotions secondaires se développent à partir des émotions primaires.

Les émotions primaires sont observables à partir de leurs modes d'expression.

14. b.

Les savoirs porteurs de signification sont enregistrés dans la mémoire sémantique. Ces connaissances portent essentiellement sur des significations de concepts, de notions plus ou moins générales ou abstraites sur l'environnement de la personne.

15. b, **d** et **e**.

Se représenter le « sens interdit » en voyant un panneau de signalisation de la route fait référence à une représentation non analogique. Il faut apprendre ce code conventionnel pour intégrer le représentant (le panneau). Ce n'est donc pas une image mentale mais un savoir acquis.

QROC

Les différentes étapes du traitement de l'information sont :
– la capture : c'est l'information sensorielle qui est extraite de l'environnement ;
– l'encodage : c'est la transformation de l'information sensorielle sous une forme plus ou moins détaillée et appropriée au stockage et à la récupération ;
– le stockage : c'est la conservation du matériel encodé (mode de conservation) ;
– la récupération : c'est une activité qui consiste à retrouver l'information en mémoire en vue d'une utilisation.

Termes à relier et compléter

1.

Mémoire sémantique – Mots, idées, concepts
Mémoire épisodique – Événements biographiques
Mémoire procédurale – Habiletés, habitudes

2.

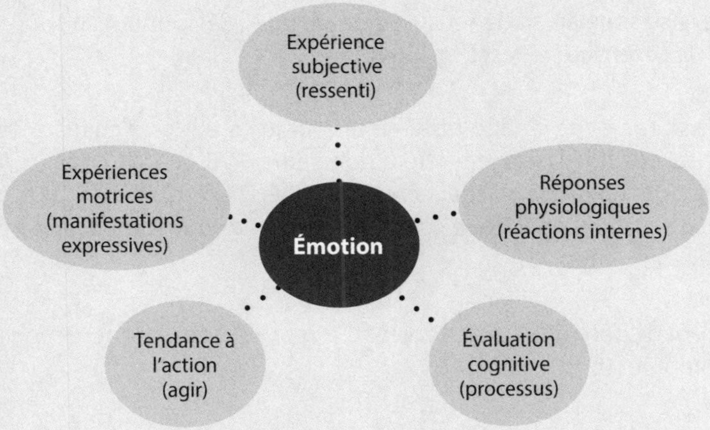

Psychologie du développement

QCM

1. a, c et d.
Le fonctionnalisme est un courant issu de la sociologie (b. faux).

2. b, c et d.
Ce courant est fondé sur l'inné et l'acquis, car il se situe entre le maturationnisme, courant innéiste, et l'empirisme, courant reposant sur l'acquis (a. faux).

Un stade n'est pas lié à un âge particulier précis car il existe toujours une variabilité individuelle (e. faux).

3. b, **c** et **e**.
Le comportementalisme est une théorie développée par Skinner et inspirée des travaux de Pavlov sur les réflexes conditionnés (a. faux).
La théorie de Piaget est fondée sur l'inné et l'acquis (d. faux).

4. a, **c** et **d**.
Le schème n'est pas l'action (b. faux) car c'est une structure mentale d'une action. En revanche, ce processus psychique permet au sujet d'agir.

5. c.
C'est la répétition d'un schème d'action qui permet l'assimilation de cette action par le sujet qui va la reproduire à d'autres objets. Ensuite, il va modifier son schème d'action pour adapter son action dans des situations nouvelles, c'est le processus d'accommodation.
Le sujet apprend par assimilations et accommodations successives.

6. b et **c**.
Il s'agit du réflexe de Babinski, qui n'est pas un schème (a. faux).
Ce réflexe se situe au stade sensori-moteur, plus précisément au sous-stade 1 appelé : les exercices réflexes (d. faux).

7. b et **d**.
Zoé réussit le test et répond juste en disant qu'il y a plus d'animaux (e. faux), car elle sait classer les objets. Elle a donc entre 7/8 et 11/12 ans (a. faux) et se situe dans la période d'achèvement des opérations concrètes, plus précisément dans le stade opératoire concret (c. faux). Le sous-stade 6 appartient au stade sensori-moteur.

8. a et **d**.
Le concept de permanence de l'objet et l'erreur « A non B » font partie du stade sensori-moteur (b. et c. faux).

9. b et **d**.
Pierre a 3 ans et se situe au stade pré-opératoire. Il imite l'adulte en répétant le geste associé au mot (signe de la main pour dire au revoir) (a. faux). Le jeu symbolique est une reconstitution imaginée d'une action réelle (jouer à la dînette par exemple) (c. faux).

10. a, **b** et **d**.
Marie réussit le test. Elle ne fait plus l'erreur « A non B » dans le processus de la permanence de l'objet. Il s'agit donc du sous-stade 5 et non 4 du stade sensori-moteur (c. faux).

11. a, **b** et **c**.
Il s'agit là d'acquisitions par combinaison propositionnelle que des enfants entre 11/12 et 16 ans réussissent.

12. a, **b** et **d**.
L'attachement est une fonction adaptative de l'enfant face à des situations qu'il juge difficiles ou qui le mettent en insécurité.

13. b, **c** et **d**.
Sigmund Freud avait une vision différente et pensait que l'attachement de l'enfant à la mère était lié à des impératifs essentiellement nutritionnels (a. faux).

14. a, **c**, **d** et **e**.
Toute personne qui répond aux besoins d'un enfant peut être une figure d'attachement, qu'elle lui procure soin de base ou confort ou sécurité (b. faux). La mère est la figure privilégiée mais si elle est absente, un autre individu peut avoir ce rôle.

15. a, **c** et **d**.
John Bowlby a décrit quatre phases de développement de l'attachement (b. faux).

QROC

1. Les quatre principaux stades du développement cognitif piagétien sont :
– stade sensori-moteur ;
– stade pré-opératoire ;
– stade opératoire concret ;
– stade des opérations formelles (formelles A et formelles B).
Certains n'en comptent que trois car le stade pré-opératoire et le stade opératoire concret sont regroupés en une seule période dite de préparation et d'achèvement des opérations concrètes.

2. Les quatre phases du développement de l'attachement sont :
– de 0 à 3 mois : phase du pré-attachement ;
– de 3 à 6 mois : étape de l'attachement « en train de se faire » ;
– de 6/9 mois à 2/3 ans : étape de l'établissement d'une relation d'attachement franche et sélective envers une personne privilégiée ;
– de 2 à 5 ans : étape du « partenariat ajusté ».

Psychologie sociale

QCM

1. a et **b**.
Les interactions entre sociétés sont plutôt du ressort de la sociologie (c. faux). La psychologie sociale s'occupe de groupes d'individus plus petits. Les interactions entre cultures sont du champ de l'anthropologie (d. faux).

2. b, **c** et **d**.

Le terme de conformation n'est pas utilisé (a. faux).

La conformité est le résultat des processus d'intégration de ces éléments dominants.

3. a et **b**.

Tous les individus ne partagent pas forcément les normes (c. faux), ce qui donne des situations conflictuelles. En effet, le partage de normes diminue les situations de conflit.

De même, ces normes ne sont pas indéfiniment stables, elles évoluent en même temps qu'évoluent les individus qui composent le groupe (d. faux).

4. b et **d**.

Les expériences de l'individu ne sont qu'une des sources de sa prise de position (a. faux).

Il peut se conformer aux attentes du groupe tout en ayant une opinion différente (c. faux).

5. b et **d**.

Ce sont surtout le caractère public de l'acte et la richesse des motivations internes qui permettent d'obtenir un fort engagement.

6. b, **c** et **e**.

Les émotions sont l'une des sources de l'affectivité (a. faux). Le terme « psychisme » relève plutôt du champ de la psychologie clinique (d. faux). En psychologie sociale, c'est le terme « cognitif » qui est privilégié pour évoquer un processus interne à l'individu.

7. b.

Dans les préjugés, c'est la composante affective qui est dominante. Dans les stéréotypes, c'est la composante cognitive.

8. a, **b** et **d**.

La notion de feedback ne sera abordée que plus tardivement, par Wiener, grâce aux apports de la cybernétique.

9. b et **d**.

Le silence est une forme de communication (a. faux) : on exprime quelque chose et la gestuelle est rarement muette. La communication peut être dissymétrique (c. faux) lorsqu'il existe une différence de statut entre les interlocuteurs (supérieur et subordonné) ou lorsque l'un des interlocuteurs possède de meilleures connaissances ou des informations utiles que l'autre n'a pas.

10. c.

C'est la distance intime qui est réservée aux plus proches (a. faux). Les valeurs de ces distances ne sont pas universelles, elles peuvent différer selon le modèle culturel (b. faux). Face aux inconnus, c'est la distance publique qui constitue un critère sécurisant (d. faux).

11. a et **c**.
Il ne faut pas confondre la topique freudienne organisée autour du Ça, du Moi et du Surmoi, et les états de la personnalité (états du Moi) de Berne : Moi Parent, Moi Adulte, Moi Enfant.

12. a et **b**.
Le qualificatif de Critique est réservé au Parent (c. faux).
La notion d'Enfant Raisonnable n'existe pas (d. faux).

13. b, **c** et **d**.
L'ethnie est une notion qui relève de l'ethnologie/anthropologie (a. faux). Elle réfère à un groupe présentant certains caractères d'homogénéité physiques et culturels.

14. b et **c**.
Durée d'existence et niveau de structuration ne sont pas des facteurs de cohésion (a. et d. faux), mais des caractéristiques de certains types de groupe (*cf.* Auto-évaluation).

15. a.
Dans l'effet de polarisation, la dynamique interne encourage à adopter des positions plus extrêmes que les positions initiales des membres du groupe prises séparément.

QROC

1. Le préjugé est généralement négatif, voire discriminatoire. Sa composante dominante est la composante affective. Le stéréotype est de formulation généralement neutre. Sa composante dominante est la composante cognitive.

2. Les émotions traduites par des micro-expressions :
- la joie ;
- la tristesse ;
- la colère ;
- le dégoût ;
- la peur ;
- la surprise.

Termes à relier

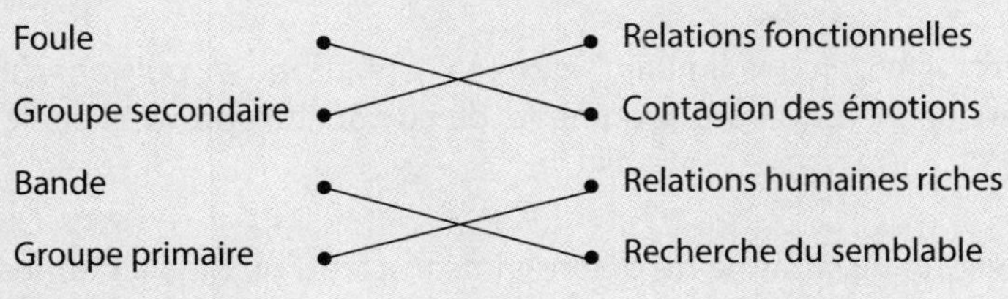

Psychologie clinique

1. a, **c**, **d** et **e**.
La psychologie clinique est l'étude approfondie des cas individuels (b. faux). Elle s'intéresse à l'affectivité, c'est-à-dire aux expériences subjectives, au ressenti de la personne. Elle étudie les processus conscients, préconscients et inconscients.

2. a, **b**, **c** et **d**.
La psychanalyse est une théorie scientifique pour l'exercice clinique dans un but thérapeutique. Elle a développé une métapsychologie pour l'étude des phénomènes psychiques.

3. c et **d**.
L'instance du Moi est la partie la plus consciente de l'appareil psychique. Elle est en contact avec la réalité. Cependant, ses opérations sont inconscientes par l'exercice des mécanismes de défense. Elle est régie par le principe de réalité.

4. b, **c** et **d**.
L'instance du Surmoi est le représentant des interdits parentaux, moraux et sociaux intériorisés par la résolution du complexe d'Œdipe. Elle rentre en conflit avec les pulsions (de l'instance du Ça).

5. a et **c**.
Le Ça est l'instance régie par le principe de plaisir, de la toute-puissance. Il est à la recherche de la satisfaction immédiate. Il est le lieu des pulsions inconscientes. Il ne connaît ni le temps, ni la logique rationnelle (e. faux).

6. b, **c** et **d**.
La pulsion est inconsciente (a. faux) et se loge dans le Ça. Elle a sa source dans un état de tension mais elle est satisfaite par l'objet qu'elle vise.

7. a, **c** et **d**.
Les pulsions d'autoconservation sont dites aussi pulsions du Moi. Elles participent à la conservation de soi. Ce sont des pulsions de vie, des pulsions sexuelles et elles connaissent une libido narcissique (tournée vers le Moi).

8. a, **b** et **d**.
La latence est une période dite « a-conflictuelle » : les conflits sont toujours présents mais moins prégnants. C'est une période moins chaude psychiquement, moins bouillonnante. L'accès aux savoirs et aux apprentissages en est facilité.

9. a.
L'instance du Surmoi (réprimant, limitant) entre en conflit avec les pulsions du Ça (exigeant), ce qui provoque des sentiments de culpabilité éprouvés par le Moi.

10. c et **d**.
Le refoulement est un mécanisme de défense (inconscient) du Moi. Il permet

de protéger la conscience de toute pulsion désagréable. Il échoue quand ce qui a été refoulé fait retour.

11. b, **c** et **e**.

Les pulsions partielles (orale, anale, phallique) concernent les stades prégénitaux, avant le complexe d'Œdipe (a. faux). Ce n'est qu'au cours de la puberté qu'elles tentent de s'unifier. Elles participent au début du développement de la sexualité infantile.

12. a, **c** et **d**.

L'appareil psychique est une représentation métapsychologique (du point de vue topique) de l'architecture des trois instances psychiques.

13. b, **d** et **e**.

Le rêve est un rejeton de l'inconscient. Il est formé par le contenu latent pour constituer le contenu manifeste grâce aux transformations inconscientes (par le travail du rêve). Il porte en lui la conflictualité psychique.

14. a et **d**.

Le point de vue dynamique met l'accent sur les forces contraires en présence (instances psychiques) créant les conflits psychiques.

15. a et **e**.

Un mécanisme de défense est un moyen psychologique inconscient utilisé par le Moi pour se protéger de menaces pulsionnelles et d'affects pénibles.

QROC

1. L'instance du Moi est divisée et doit servir trois éléments à la fois : le Ça, la réalité, le Surmoi. Concilier leurs exigences contradictoires est une opération délicate. Le Moi est assailli par l'angoisse et la détresse devant les choix qu'il réalise. Il doit faire face à une difficulté pour garder un équilibre psychique et une certaine maîtrise de soi.

2.

	Phase orale	Phase anale
Source	– Bouche – Organes sensoriels	– Anus – Zone digestive
But	– Auto-érotique – Désir introjection	– Auto-érotique – Maîtrise des objets
Objet	Sein ou substitut	Selles ou parents

UE 1.3

LÉGISLATION, ÉTHIQUE, DÉONTOLOGIE

Rappels des objectifs et contenus

UE 1.3
Législation, éthique, déontologie

Objectif 1

Caractériser les conceptions philosophiques de l'être humain et les courants de pensée correspondant

Objectif 2

Comparer les conceptions philosophiques de l'être humain à l'œuvre dans des questions sociale contemporaines

Objectif 3

Distinguer les notions de droit, morale, éthique

Objectif 4

Identifier les valeurs de la profession d'infirmière, intégrer les éléments des règles professionnelles et expliciter le lien avec la pratique

Objectif 5

Expliciter la notion de responsabilité professionnelle

Objectif 6

Citer les droits fondamentaux des patients et l'implication de ces droits dans la pratique professionnelle

Éléments de contenu :

- Les concepts en philosophie et éthique.
- L'exercice professionnel et la responsabilité.
- Les droits de l'homme.
- Les droits des patients, notamment en santé mentale et en psychiatrie.
- La confidentialité et le secret professionnel.

Évaluation écrite

Développement de la compétence 7

« Analyser la qualité des soins et améliorer sa pratique professionnelle »

Auto-évaluation

1. Complétez le tableau « Droits, devoirs et obligations des infirmiers ».

Droits, devoirs et obligations des infirmiers		
À l'égard de qui ou de quoi ?		
Droits	– –	– –
Devoirs et obligations	– – –	–

2. Complétez le tableau « Responsabilité des infirmiers ».

Responsabilité des infirmiers		
Type de responsabilité		
Conditions	– – –	– –
Sanctions	–	–

Corrigé

1.

Droits, devoirs et obligations des infirmiers		
À l'égard de qui ou de quoi ?	À l'égard des patients	Liés aux spécificités du métier
Droits	– Élaboration d'un dossier de soins infirmiers – Droit de refuser de pratiquer des soins ou droit de les interrompre	– Droit de des actes : actes propres à l'infirmier / actes prescrits par le médecin / actes avec la présence du médecin – Droit de prescription pratiqué
Devoirs et obligations	– Respect de la dignité du patient – Respect du devoir d'information et du consentement – Respect du secret – Respect des données acquises de la science	– Respect de la prescription du médecin

2.

Responsabilité des infirmiers		
Type de responsabilité	civile	pénale
Conditions	– Faute (sauf pour le défaut d'un produit de santé) – Préjudice – Lien de causalité	– Comportement incriminé par la loi (ex. : homicide, révélation du secret) – Élément moral : intention ou négligence selon qu'il s'agit ou non d'une infraction intentionnelle
Sanctions	– Octroi de dommages et intérêts à la victime, équivalents aux préjudices éprouvés (moral, corporel, économique, d'agrément, etc.)	– Peine d'amende, peine d'emprisonnement (avec ou sans sursis), interdiction d'exercer

Entraînements

Les sources du droit en France

QCM

lienmini.fr/S1-QCM05

Au moins l'une des réponses proposées est exacte.

1. Laquelle de ces normes ne fait pas partie de la pyramide de Kelsen ?
❍ **a.** La loi.
❍ **b.** Les règlements autonomes.
❍ **c.** La jurisprudence.
❍ **d.** Les circulaires.

2. Quelles normes du bloc de légalité émanent du pouvoir législatif ?
❍ **a.** Les lois ordinaires.
❍ **b.** Les règlements autonomes.
❍ **c.** Les circulaires de l'article 38.
❍ **d.** Les décrets.

3. Selon la Constitution, le rôle des lois de financement de la Sécurité sociale (LFSS) est de :
❍ **a.** fixer les recettes de la Sécurité sociale.
❍ **b.** réduire le déficit de la Sécurité sociale.
❍ **c.** assurer un remboursement optimal des usagers.
❍ **d.** fixer les objectifs de dépense de la Sécurité sociale.

4. La navette législative se déroule entre :
❍ **a.** le Parlement et le gouvernement.
❍ **b.** l'Assemblée nationale et le Sénat.
❍ **c.** le gouvernement et le président de la République.
❍ **d.** l'Assemblée nationale et le gouvernement.

5. De quel type de contrôle constitutionnel bénéficient les lois de financement de la Sécurité sociale ?
❍ **a.** Contrôle a priori.
❍ **b.** Contrôle systématique.
❍ **c.** Contrôle a posteriori.
❍ **d.** Contrôle aléatoire.

6. Les principes généraux du droit (PGD) ont une valeur :
❍ **a.** infra-législative.
❍ **b.** supra-législative.
❍ **c.** supra-décrétale.
❍ **d.** infra-décrétale.

7. Un projet de loi est déposé par :
❍ **a.** les sénateurs.
❍ **b.** les députés.
❍ **c.** le président de la République.
❍ **d.** le Premier ministre.

8. Qui a l'initiative du contrôle de constitutionnalité ?
❍ **a.** 60 députés et 60 sénateurs.
❍ **b.** Le juge judiciaire ou administratif.
❍ **c.** Le président de la République.
❍ **d.** Le Premier ministre.

QROC

Expliquez la théorie de la séparation des pouvoirs.

L'organisation de la justice en France

QCM

lienmini.fr/S1-QCM06

Au moins l'une des réponses proposées est exacte.

1. En France, on distingue :
❍ **a.** l'ordre civil et l'ordre pénal.
❍ **b.** l'ordre pénal et l'ordre administratif.
❍ **c.** l'ordre judiciaire et l'ordre administratif.

2. La plus haute juridiction de l'ordre judiciaire est :
❍ **a.** le Conseil d'État.
❍ **b.** la Cour de cassation.
❍ **c.** la cour d'appel.

3. La plus haute juridiction de l'ordre administratif est :
❍ **a.** la Cour de cassation.
❍ **b.** la Cour d'assisses.
❍ **c.** le Conseil d'État.

4. L'appel a un effet :
❍ **a.** suspensif et non dévolutif.
❍ **b.** dévolutif et non suspensif.
❍ **c.** suspensif et dévolutif.
❍ **d.** non suspensif et non dévolutif.

5. Pour engager la responsabilité civile contractuelle, il faut :
❍ **a.** une faute, un dommage, une réparation.
❍ **b.** un fait dommageable, une faute, un lien de causalité.
❍ **c.** une faute, un dommage, un lien de causalité.

6. La responsabilité administrative permet :
❍ **a.** la réparation d'un dommage causé par un administré à l'administration.
❍ **b.** la réparation d'un dommage causé par l'administration à un administré.
❍ **c.** la réparation de l'État vis-à-vis d'un organisme administratif.

7. La responsabilité pénale permet :
❍ **a.** la réparation du dommage.
❍ **b.** l'obtention de dommages et intérêts suite à une infraction.
❍ **c.** la sanction d'un comportement délictuel.

8. En matière de responsabilité, le principe est celui :
❍ **a.** du cumul des responsabilités.
❍ **b.** du non cumul des responsabilités.
❍ **c.** du choix entre cumul et non cumul des responsabilités.

CAS PRATIQUE

Monsieur Y. subit une intervention chirurgicale au sein d'un centre hospitalier. Cependant, le praticien qui l'opère exerce dans le cadre de son activité libérale. Suite à cette intervention, une infection nosocomiale de type staphylocoque doré est détectée chez le patient. Monsieur Y. souhaite obtenir réparation du préjudice subi. Quelles sont ses possibilités ?

Obligations et responsabilités de l'IDE

QCM

lienmini.fr/S1-QCM07

Au moins l'une des réponses proposées est exacte.

1. Quel est le principe matriciel des devoirs et obligations de l'infirmier ?
❍ **a.** Le consentement et l'information.
❍ **b.** La dignité.
❍ **c.** Le secret professionnel.
❍ **d.** La profession d'infirmier.

2. Sur qui pèse le devoir de secret professionnel ?
❍ **a.** L'infirmier.
❍ **b.** Le médecin.
❍ **c.** L'aide-soignant.
❍ **d.** Le secrétaire médical.

3. Pour quelles personnes le consentement à un acte médical ou infirmier doit-il être recherché ?
❍ **a.** La femme voulant une IVG (interruption volontaire de grossesse).
❍ **b.** La personne âgée placée sous tutelle.
❍ **c.** La jeune fille mineure souhaitant un moyen de contraception.
❍ **d.** Le motard accidenté.

4. L'infirmier peut déroger au secret professionnel lorsque :
❍ **a.** un juge lui demande de le faire.
❍ **b.** il constate qu'un enfant a subi des sévices.
❍ **c.** l'assureur d'un patient mécontent lui demande de le faire.
❍ **d.** le médecin chef de son service lui demande des informations sur un patient.

5. Le droit de préscription des infirmiers s'applique pour :
❍ **a.** les médicaments.
❍ **b.** les dispositifs médicaux.
❍ **c.** les vitamines.
❍ **d.** les compléments alimentaires.

6. Quels sont les actes professionnels de l'infirmier ?
❍ **a.** Les actes propres à l'infirmier.
❍ **b.** Les actes après prescription médicale.
❍ **c.** Les actes avec présence d'un médecin.
❍ **d.** Les actes administratifs.

7. L'infirmier :
❍ **a.** doit toujours contrôler que la prescription médicale est conforme à l'état du patient.
❍ **b.** n'a pas à contrôler la conformité de la prescription à l'état du patient.
❍ **c.** est tenu de vérifier l'existence matérielle de la prescription.
❍ **d.** doit contacter le médecin en cas de doute sérieux sur la conformité de la prescription.

8. La pratique de soins sur un mineur :
❍ **a.** suppose en principe le consentement des titulaires de l'autorité parentale.
❍ **b.** peut toujours être effectuée sans l'accord des titulaires de l'autorité parentale.
❍ **c.** suppose toujours le consentement du mineur.
❍ **d.** suppose la participation du mineur selon son degré de maturité.

9. L'erreur de dosage :

❍ **a.** constitue toujours une faute de l'infirmier.

❍ **b.** est susceptible d'engager la responsabilité de l'infirmier.

❍ **c.** constitue une faute de l'infirmier sauf si elle découle d'une erreur dans la prescription médicale.

10. L'engagement de la responsabilité pénale pour homicide involontaire d'un patient :

❍ **a.** suppose toujours que le lien de causalité entre la faute et le décès soit direct.

❍ **b.** suppose toujours que le lien de causalité entre la faute et le décès soit certain.

❍ **c.** ne suppose pas nécessairement un lien de causalité direct entre la faute et le décès.

❍ **d.** ne suppose pas nécessairement un lien de causalité certain entre la faute et le décès.

QROC

Qu'est-ce que la non-patrimonialité du corps ?

Cas pratique

Un patient vous parle lors de ses soins quotidiens.
Il vous confie ses problèmes de relation avec sa fille et ses malaises suites à la prise d'un nouveau médicament pour son cœur. Vous souhaitez parler de tout ça à votre femme ou votre mari car ce patient est une personne connue.
Pouvez-vous le faire ? Que risquez-vous si vous le faites ?
À qui devriez-vous fournir des informations sur ce patient ?
Expliquez en quelques mots votre démarche.

L'ordre infirmier et le contentieux disciplinaire

QCM

lienmini.fr/S1-QCM08

Au moins l'une des réponses proposées est exacte.

1. Une règle déontologique revêt un caractère juridique :
❍ **a.** au moment où elle est édictée par un ordre professionnel.
❍ **b.** au moment où elle est portée à la connaissance des professionnels.
❍ **c.** au moment où elle est publiée au *Journal officiel*.

2. L'Ordre national des infirmiers participe-t-il à l'élaboration des règles déontologiques ?
❍ **a.** Oui.
❍ **b.** Non.

3. Quel est le statut juridique d'un ordre professionnel ?
❍ **a.** Une personne de droit public.
❍ **b.** Une personne de droit privé.

4. L'Ordre national des infirmiers regroupe :
❍ **a.** les infirmiers du secteur public.
❍ **b.** les infirmiers du secteur privé.
❍ **c.** les infirmiers de tous les secteurs d'activités.
❍ **d.** les infirmiers du secteur libéral.

5. L'Ordre national des infirmiers a été instauré par la loi :
❍ **a.** n° 2002-303 du 4 mars 2002.
❍ **b.** n° 2006-1668 du 21 décembre 2006.
❍ **c.** n° 2004-806 du 9 août 2004.

6. L'infirmier interrogé dans une procédure disciplinaire :
❍ **a.** doit révéler les faits utiles à l'instruction parvenus à sa connaissance.
❍ **b.** ne peut révéler aucun fait couvert par le secret.
❍ **c.** peut révéler des faits couverts par le secret.

7. La victime d'une faute disciplinaire causée par un infirmier du secteur public adresse sa plainte :
❍ **a.** au président de la commission de conciliation.
❍ **b.** à la chambre disciplinaire de première instance.
❍ **c.** au président du conseil départemental.
❍ **d.** au directeur de l'établissement de santé public.

8. Au cours de l'audience disciplinaire, l'infirmier peut se faire assister par :
❍ **a.** un confrère seulement.
❍ **b.** un confrère et un avocat.

❍ **c.** un avocat seulement.
❍ **d.** un avocat ou un confrère.

Étude de cas

Le directeur du centre hospitalier public dans lequel exerce M. X a prononcé à l'encontre de celui-ci une suspension de six mois et a décidé de le priver de son salaire pendant cette période. Il a saisi également la chambre disciplinaire de première instance du conseil régional dans le ressort duquel l'infirmier est inscrit au tableau de l'Ordre afin que cette dernière prononce une sanction.
En outre, le patient hémiplégique réclame devant le juge civil l'indemnisation du préjudice subi, mais l'infirmier, qui juge la sanction disciplinaire « disproportionnée », construit sa défense sur le fait qu'une action disciplinaire contre lui a été déclenchée, ce qui constitue un obstacle pour le déroulement de l'action civile.

1. Les mesures prises par le directeur de l'établissement hospitalier sont-elles fondées ?

2. Quelles sont les garanties offertes par la loi à l'infirmier tout au long de ces procédures ?

Droits du patient

QCM

lienmini.fr/S1-QCM09

Au moins l'une des réponses proposées est exacte.

1. Quel est le fondement de tous les textes relatifs aux droits de la personne ?
❍ **a.** Le respect de la vie privée.
❍ **b.** Le respect de la dignité.
❍ **c.** L'accès aux soins.
❍ **d.** Le respect du secret professionnel.

2. Le préambule de la Constitution de 1946 garantit :
❍ **a.** le droit à la santé notamment pour la mère et l'enfant.
❍ **b.** un niveau de vie suffisant pour assurer sa santé.
❍ **c.** un égal accès aux soins.

3. À propos de la dignité, on peut dire que :

❍ **a.** la dignité correspond à l'essence de l'homme, c'est ce qui permet de distinguer l'homme de l'animal et des choses en général.

❍ **b.** c'est reconnaître dans l'autre son frère et agir en conséquence avec respect à son égard.

❍ **c.** reconnaître la dignité du malade âgé, dément, couvert d'ulcères, souillé de ses excréments, c'est reconnaître notre propre dignité.

4. À propos de l'information qui doit être délivrée au patient :

❍ **a.** elle doit être donnée dans le cadre d'un entretien individuel.

❍ **b.** le patient doit être informé du diagnostic même s'il ne veut pas.

❍ **c.** le patient doit obligatoirement recevoir l'information du diagnostic s'il est atteint d'une maladie transmissible.

❍ **d.** c'est au professionnel qu'il appartient de fournir la preuve de l'information délivrée au patient.

5. Les mineurs ou majeurs protégés :

❍ **a.** décident des actes de soins les concernant.

❍ **b.** participent à la prise de décision.

❍ **c.** participent à la décision selon leur degré de maturité.

❍ **d.** participent à la décision selon leur faculté de discernement.

6. Le patient peut accéder à son dossier :

❍ **a.** directement.

❍ **b.** par l'intermédiaire d'un médecin qu'il désigne.

❍ **c.** au plus tard dans les huit jours suivant sa demande.

❍ **d.** après un délai de réflexion de quarante-huit heures.

7. À propos du consentement de la personne à ses soins :

❍ **a.** la personne doit donner son consentement aux soins quelles que soient les situations.

❍ **b.** si la vie du patient est en danger, le médecin informe simplement.

❍ **c.** si le patient est en danger, le médecin a un devoir de conviction afin d'obtenir le consentement.

❍ **d.** si le patient est dans l'impossibilité de s'exprimer, le médecin peut agir.

❍ **e.** si le patient est dans l'impossibilité de s'exprimer, le médecin doit consulter un tiers.

8. À propos du consentement des mineurs :

❍ **a.** le médecin peut se dispenser du consentement du titulaire de l'autorité parentale pour sauvegarder la santé d'une personne mineure.

❍ **b.** le médecin ne peut en aucun cas se dispenser du consentement du titulaire de l'autorité parentale.

❍ **c.** le médecin peut se dispenser du consentement de l'autorité parentale dans le cas où le mineur est opposé afin de garder le secret de son état de santé.

❍ **d.** dans le cas C, le médecin peut mettre en œuvre le traitement ou l'intervention.

9. La personne de confiance :

❍ **a.** est consultée en cas d'impossibilité du patient à donner son consentement.
❍ **b.** est désignée par écrit.
❍ **c.** est désignée de façon définitive.
❍ **d.** est révocable à tout moment.

10. À propos du refus de soins :

❍ **a.** le patient a le droit de refuser un traitement, l'intervention ou les soins qui lui sont proposés.
❍ **b.** après un refus de soins, le patient peut rester hospitalisé.
❍ **c.** après un refus de soins, le patient doit sortir sauf urgence médicalement constatée nécessitant d'autres soins.
❍ **d.** après un refus de soins, la sortie du patient est prononcée par le directeur de l'établissement après signature d'un document constatant son refus d'accepter les soins proposés.

QROC

1. Citez les principaux articles des codes relatifs au respect de la dignité.

2. Quels sont les principes de la bioéthique ?

Droit et psychiatrie

QCM

lienmini.fr/S1-QCM10

Au moins l'une des réponses proposées est exacte.

1. La protection des personnes faisant l'objet de soins psychiatriques et les modalités de leur prise en charge sont encadrées par :

❍ **a.** la loi du 4 mars 2002 dite loi Kouchner.
❍ **b.** la loi du 27 juin 1990.
❍ **c.** la loi du 5 juillet 2011.
❍ **d.** la loi du 22 avril 2005 dite loi Leonetti.

2. À quelle procédure correspond aujourd'hui l'hospitalisation d'office (HO) ?

❍ **a.** L'hospitalisation à la demande d'un tiers.
❍ **b.** Le placement d'office.

❍ **c.** Les soins psychiatriques libres.
❍ **d.** Les soins psychiatriques sur décision d'un représentant de l'État.

3. Laquelle de ces personnes ne peut pas être à l'origine d'une admission en SPDT ?
❍ **a.** Le conjoint.
❍ **b.** Le tuteur ou le curateur.
❍ **c.** Un membre de la famille.
❍ **d.** Un membre du personnel soignant exerçant dans l'établissement d'accueil.

4. En cas d'admission en SPRE, de qui émane cette décision ?
❍ **a.** Du maire ou du préfet.
❍ **b.** D'un agent de police.
❍ **c.** D'un membre de la famille.
❍ **d.** Du directeur de l'établissement d'accueil.

5. En cas d'admission en SPDT hors cas d'urgence, combien de certificats médicaux sont requis ?
❍ **a.** 1.
❍ **b.** 2.
❍ **c.** 3.
❍ **d.** Aucun.

6. En cas de SP sans consentement, la durée de la période initiale d'observation et de soins est :
❍ **a.** 1 heure.
❍ **b.** 24 heures.
❍ **c.** 72 heures.
❍ **d.** entre 6 et 8 jours.

7. En SPL, la personne :
❍ **a.** ne dispose pas du droit de vote.
❍ **b.** ne dispose pas du droit d'être informée sur son état de santé.
❍ **c.** ne dispose pas de la liberté d'aller et venir.
❍ **d.** dispose des mêmes droits que ceux reconnus à un autre malade pris en charge pour une autre cause.

QROC

Quel mode de prise en charge doit être privilégié selon la loi du 5 juillet 2011 relative aux droits et à la protection des personnes faisant l'objet de soins psychiatriques et aux modalités de leur prise en charge ?

QCM

lienmini.fr/S1-QCM11

Au moins l'une des réponses proposées est exacte.

1. La loi du 2 janvier 2002 a pour objectif(s) :

❍ **a.** l'autonomie et la protection des personnes.
❍ **b.** la cohésion sociale.
❍ **c.** l'exercice de la citoyenneté.
❍ **d.** la prévention de l'exclusion.

2. La loi du 2 janvier 2002 et la loi du 4 mars 2002 ont comme objectifs communs :

❍ **a.** la liberté d'aller et venir.
❍ **b.** le respect du consentement.
❍ **c.** le libre choix du médecin.
❍ **d.** le respect de la vie privée.
❍ **e.** le droit à l'information.
❍ **f.** le droit à la communication.
❍ **g.** le droit aux soins palliatifs.
❍ **h.** les directives anticipées.
❍ **i.** la mise en œuvre du projet d'accueil et d'accompagnement.

3. Les outils pour favoriser la mise en œuvre des droits des personnes en institution médico-sociale sont :

❍ **a.** le livret d'accueil.
❍ **b.** le dossier du patient.
❍ **c.** le dossier informatisé.
❍ **d.** le règlement de fonctionnement.
❍ **e.** le projet d'accueil et d'accompagnement.
❍ **f.** le conseil de vie sociale.
❍ **g.** les directives anticipées.
❍ **h.** le contrat de séjour.
❍ **i.** la personne qualifiée.
❍ **j.** la charte des droits et libertés.

4. Le livret d'accueil comporte :

❍ **a.** des informations concernant l'établissement.
❍ **b.** la Charte des droits et libertés de la personne accueillie.
❍ **c.** le règlement intérieur.
❍ **d.** les activités proposées par l'établissement.

5. La Charte des droits et libertés de la personne accueillie énonce :

❍ **a.** le respect de sa dignité.

❍ **b.** le respect de son intégrité, de sa vie privée.
❍ **c.** la confidentialité des informations qui la concernent.
❍ **d.** le respect de son intimité et de sa sécurité.
❍ **e.** le droit aux soins palliatifs.
❍ **f.** le droit à la renonciation.
❍ **g.** le droit au respect des liens familiaux.
❍ **h.** le droit à la protection.

6. Le conseil de vie sociale :
❍ **a.** permet d'associer les personnes au fonctionnement de l'établissement.
❍ **b.** est une instance décisionnelle.
❍ **c.** donne son avis sur le règlement intérieur.
❍ **d.** donne son avis sur l'organisation du service.

7. Le respect de la vie privée des patients signifie :
❍ **a.** le droit au respect de leur intimité.
❍ **b.** le droit à une vie sexuelle.
❍ **c.** le droit de sortir le soir.
❍ **d.** le libre accès des soignants aux chambres des résidents.
❍ **e.** le droit d'aller et venir en liberté.

8. L'élaboration d'un projet d'accueil et d'accompagnement personnalisé nécessite :
❍ **a.** un recueil des attentes de la personne, et souvent, de sa famille.
❍ **b.** une évaluation des besoins de la personne et des réponses possibles par les professionnels.
❍ **c.** une première réunion de projet permettant de poser des objectifs et des modalités d'accompagnement validés par la personne.
❍ **d.** des réunions régulières d'équipe pluri-professionnelle, ciblées sur les faits saillants.
❍ **e.** une évaluation et une révision du projet personnalisé, au moins annuelle et/ou lors de modifications importantes de la situation de la personne.

9. La loi n° 2005-370 du 22 avril 2005 relative aux droits des malades en fin de vie :
❍ **a.** refuse l'obstination déraisonnable et oblige à dispenser des soins palliatifs.
❍ **b.** oblige la mise en œuvre d'une procédure collégiale en cas d'arrêt ou de limitation de traitement.
❍ **c.** renforce le rôle de la personne de confiance à travers la procédure collégiale.
❍ **d.** crée un statut juridique aux directives anticipées.
❍ **e.** développe les soins palliatifs.

10. La décision d'arrêt des traitements :
❍ **a.** appartient au médecin en charge du patient sous réserve du respect de la procédure collégiale.
❍ **b.** est prise par l'équipe pluridisciplinaire.

❍ **c.** ne prend en compte que les directives anticipées du patient.
❍ **d.** est une décision de la famille.

QROC

1. Quelle est la procédure pour avoir accès aux informations médicales concernant un proche en cas de décès ?

2. Comment se décide l'arrêt du traitement pour une personne en fin de vie ?

Éthique

Quiz

1. Quiz auto-formatif d'intégration des modèles de la santé
Pour chaque énoncé et en observant la manière dont il est formulé, cochez le modèle auquel il se rattache (une seule réponse par énoncé).

Énoncés	Modèle biomédical	Modèle bio-psychosocial par adaptation du sujet	Modèle bio-psychosocial conçu comme existence du sujet ouvert sur le monde
L'infirmier explique au malade ce qu'est une hypoglycémie.			
Un malade qui souffre d'une maladie chronique n'est pas en bonne santé.			
Une équipe soignante réfléchit comment développer une certaine qualité de vie et de bien-être pour les enfants hospitalisés en pédiatrie.			
L'infirmier apprend à un malade paraplégique à reconstruire sa vie avec le handicap.			
Pour me maintenir en santé, je mange cinq légumes ou fruits par jour.			

Énoncés	Modèle biomédical	Modèle bio-psychosocial par adaptation du sujet	Modèle bio-psychosocial conçu comme existence du sujet ouvert sur le monde
Quand un patient est en aplasie après une chimiothérapie, il doit respecter des normes draconiennes.			
Pour mon bien-être, je fais du sport tous les jours.			
L'infirmier aide le patient psychotique à vivre en appartement, et repère ses limites et ses ressources.			
Le corps humain est comme une mécanique, il se répare après une fracture.			
Le soignant, lors d'une consultation, respecte la décision du patient d'arrêter son traitement malgré les risques, mais il lui propose de revenir si besoin.			

2. Quiz auto-formatif d'intégration des notions de morale, de déontologie et d'éthique

Pour chaque énoncé et en observant la manière dont il est formulé, cochez la notion à laquelle il se rattache (une seule réponse par énoncé).

Énoncés	Morale	Déontologie	Éthique
Je frappe systématiquement avant d'entrer dans une chambre.			
Mon métier m'impose une certaine discrétion professionnelle.			
Je me dois de donner une douche au patient chaque jour.			
Un patient demande à lire son dossier en référence à la loi du 4 mars 2002.			
Je suis stagiaire dans un service de psychiatrie et je suis choqué de voir que tout le monde tutoie les malades. Je trouve qu'il y a un manque de politesse.			

Énoncés	Morale	Déontologie	Éthique
Je souhaiterais débattre sur l'intérêt et les limites du tutoiement en psychiatrie.			
Je respecte le protocole d'hygiène d'un soin prescrit.			
Doit-on systématiquement annoncer le diagnostic d'une maladie grave au patient ?			
Le traitement doit toujours être respecté pour guérir.			
Comment faire face au désir du patient d'arrêter tous les soins ?			

Étude de cas

Réalisez la démarche éthique de la situation de Fanny.

Fanny a un an, elle souffre d'une maladie métabolique congénitale. Elle n'a jamais quitté l'hôpital depuis sa naissance tant les troubles se sont progressivement aggravés sans grand espoir d'amélioration. Elle est sous oxygène suite à des problèmes cardiaques, fait régulièrement des convulsions avec arrêt cardiaque nécessitant une réanimation. Mais surtout elle montre, par ses râles, des douleurs atroces. Tous les traitements semblent avoir été utilisés sans amélioration notoire. Le papa est peu présent, semblant fuir une situation trop douloureuse. La maman vient tous les deux jours, elle reste optimiste car Fanny réagit au son de sa voix, et elle est pleine d'espoir en pensant que peut-être un jour, la science trouvera une solution pour guérir son enfant.
Devant la demande des soignants, le cadre se fait le relai auprès du médecin qui décide de convoquer le comité d'éthique ; les parents y sont conviés. Après de nombreux échanges, il est décidé d'essayer de nouveaux traitements avec augmentation progressive des doses. Mais il est convenu aussi qu'il n'y aurait plus de « grosses » réanimations.
Cette décision presque désespérée ne conduit à aucune amélioration. Les traitements maintiennent l'enfant en « survie ». Il y a encore une réaction disent certains soignants alors que d'autres sont plus sensibles à la souffrance de l'enfant et parle d'acharnement thérapeutique. Ils ne voient plus de sens à cette prise en charge qui répond peut-être à la croyance de la mère mais qui ne fait que reculer les échéances. Le médecin ne voit plus ce qu'on peut faire mais continue de prescrire des antibiotiques et tous les traitements favorisant le maintien en vie de l'enfant.
Devant ce début de débat éthique traduit par une souffrance de l'équipe, et à la demande du cadre, une nouvelle réunion du comité d'éthique est proposée.

Corrigés

Les sources du droit en France

QCM

1. c.
Le juge n'a pas de pouvoir normatif, il ne dispose que du pouvoir de « dire le droit ».

2. a.
Seules les lois ordinaires et les lois organiques émanent du pouvoir législatif, les autres normes émanent du pouvoir réglementaire.

3. a et **c.**
L'article 47-1 de la Constitution de 1958 précise que les LFSS ont pour but de fixer les dépenses prévisionnelles ainsi que les objectifs de recettes de la Sécurité sociale sur une année.

4. b.
La navette se déroule entre l'Assemblée nationale et le Sénat qui constituent à eux deux le Parlement.

5. c.
Le contrôle constitutionnel est systématique puisque les LFSS sont des lois organiques qui ont pour but de modifier ou de préciser les dispositions constitutionnelles relatives à l'organisation et au fonctionnement de la Sécurité sociale.

6. a et **c.**
Les PGD doivent être conformes à la loi, mais les règlements et autres actes administratifs individuels doivent les respecter.

7. d.
C'est le Premier ministre qui dépose un projet de loi, les propositions de loi sont déposées par les parlementaires (députés et sénateurs).

8. a, c et **d.**
S'ajoutent les présidents de chambre ainsi que les justiciables dans le cadre de la QPC.

QROC

1. La théorie de la séparation des pouvoirs, reprise par Montesquieu en 1748 dans *De l'Esprit des lois*, vise à distribuer les différentes fonctions de l'État

démocratique, de sorte que les pouvoirs ne soient pas détenus par une seule et même autorité, évitant ainsi tout risque de glissement vers un régime dictatorial. Les pouvoirs dont il est question sont les pouvoirs exécutif ou réglementaire, législatif et juridictionnel.
Ils sont respectivement confiés au gouvernement, au législateur, c'est-à-dire au Parlement, composé de l'Assemblée nationale et du Sénat, et aux juridictions.

L'organisation de la justice en France

QCM

1. c.
En France, on distingue l'ordre judiciaire et l'ordre administratif.
C'est au sein de l'ordre judiciaire que l'on distingue les juridictions civiles et les juridictions pénales.

2. b.
La Cour de cassation est la plus haute juridiction de l'ordre judiciaire. Elle est unique et siège à Paris.

3. c.
La plus haute juridiction de l'ordre administratif est le Conseil d'État. Il est unique et se situe à Paris.

4. c.
L'appel a un effet suspensif et dévolutif, c'est-à-dire que l'appel suspend l'exécution de la décision attaquée et que l'affaire va être rejugée en fait et en droit.

5. c.
Pour engager la responsabilité civile contractuelle, il faut une faute inhérente à l'inexécution d'une obligation contractuelle par un des co-contractants, un dommage et un lien de causalité entre la faute et le dommage.

6. b.
La responsabilité administrative, pour faute ou sans faute, permet la réparation d'un dommage causé à un administré par l'administration.

7. c.
L'engagement de responsabilité pénale permet la sanction d'un comportement délictuel.
À l'inverse, la responsabilité civile permet d'obtenir réparation du préjudice subi.

8. b.
En matière de responsabilité, on a le principe de non cumul.

Cas pratique

• Quel est le problème qui se pose ?
Monsieur Y. a été victime d'une infection nosocomiale et souhaite obtenir réparation du préjudice.
• Devant quelle juridiction pourra se faire le recours ?
En l'espèce, le praticien exerçait dans le cadre de son activité libérale, au sein d'un établissement public, comme cela est permis depuis la loi Debré.
Ainsi, dans le cadre d'un accident médical fautif ou non fautif, c'est la responsabilité civile du praticien qui peut être engagée.
Or, ici, il s'agit d'une infection nosocomiale, ce qui constitue une exception dans laquelle c'est la responsabilité du centre hospitalier d'accueil qui peut être engagée. Le recours se fera par conséquent devant le tribunal administratif compétent territorialement.

Obligations et responsabilités de l'IDE

QCM

1. b.
La dignité est le principe phare du droit. L'intérêt de la personne prévaut dans toutes les situations.

2. a, **b**, **c** et **d**.
Le secret professionnel pèse sur tous les professionnels de santé et sur tous les professionnels intervenant dans ce secteur.
La secrétaire médicale tout comme le médecin ou l'infirmier ont accès à des informations à caractère personnel sur la vie du patient, c'est dans cette logique que le secret s'impose à tous.

3. a, **b**, **c**. et **d**.
Le consentement doit être recherché dans toutes les situations et auprès de toutes les personnes si leurs capacités sont suffisantes.
Pour la femme souhaitant une IVG, la recherche du consentement s'impose.
Pour la personne âgée et la mineure, le consentement doit systématiquement être recherché. Si ces personnes sont aptes à exprimer leurs volontés, elles peuvent participer à la décision.
Concernant le motard, par principe son consentement doit être recherché. Cependant, s'il est inconscient, le professionnel ne peut pas aller le rechercher.

4. a, **b** et **d**.
Le professionnel peut déroger au secret pour exercer les droits de la défense (en cas de jugement par exemple), pour déclarer des actes de maltraitance (sé-

vices sur enfant). Il doit même déroger à ce secret pour secourir une personne en péril et lorsqu'un autre professionnel lui demande afin d'assurer la continuité des soins ou une meilleure prise en charge pour un patient.

5. b.

Le droit de prescription de l'infirmier se limite au dispositif médical énoncé dans l'arrêté du 20 mars 2012.

6. a, **b** et **c**.

Les actes professionnels de l'infirmier sont classiquement de trois sortes : les actes propres, les actes après prescription d'un médecin, les actes avec présence d'un médecin.

Tous ces actes sont listés dans le Code de la santé publique.

7. b, **c** et **d**.

Il n'entre pas dans les devoirs de l'infirmier de contrôler la « qualité » ou la « conformité » de la prescription. Par exemple, sa responsabilité ne peut pas être engagée si la dose prescrite par le médecin et qu'il administre au patient est inappropriée.

Toutefois, il est tenu de contacter le médecin en cas de doute sérieux sur la conformité de la prescription et ne doit pas l'exécuter aveuglément.

Enfin, il doit bien entendu vérifier que la prescription qu'il envisage d'exécuter existe bien et ne pas se contenter de ce qu'affirme le patient.

8. a et **d**.

Les soins prodigués à un mineur ne peuvent l'être, en principe, sans l'accord des titulaires de l'autorité parentale. Le consentement du mineur n'est pas, en principe, requis mais son adhésion doit être recherchée proportionnellement à son degré de maturité. Pratiquement, on ne peut imposer des soins à un mineur de 16 ans comme à un mineur de 7 ans. Il en va de même de l'information délivrée, qui doit être adaptée à l'âge du mineur.

9. b et **c**.

L'erreur de dosage est une faute. Elle est en effet susceptible d'engager la responsabilité de l'infirmier mais seulement si cette erreur est de son fait, ce qui n'est pas le cas si elle découle de la prescription du médecin.

10. b et **c**.

L'engagement de la responsabilité pénale d'un professionnel pour homicide involontaire suppose toujours que le lien de causalité entre la faute et le décès soit certain. Cela suppose que sans cette faute et à circonstances égales, le décès ne serait pas survenu. Par exemple, pour le décès d'un patient suite à un retard de prise en charge, il faut être certain que sans ce retard, le patient aurait pu être sauvé eu égard à l'état dans lequel il se trouvait. Si un doute demeure sur le caractère causal de la faute, la responsabilité est écartée.

Il n'existe pas, en responsabilité pénale, de responsabilité pour « perte de chance d'avoir évité le dommage », comme cela existe en responsabilité civile.

En revanche, le lien de causalité peut être indirect. Par exemple, la faute de surveillance de l'interne par le médecin (ou de l'élève infirmier par l'infirmier) a conduit à une négligence de ce dernier (erreur dans le produit administré ou maladresse dans l'incision thoracique) ayant conduit au décès du patient. La responsabilité pénale de l'interne peut éventuellement être engagée si son geste est jugé fautif.
Mais la responsabilité du médecin peut également être engagée car son défaut de surveillance fautif est en lien avec le dommage, même si ce lien est indirect. Toutefois, en cas de dommage provoqué indirectement, la faute simple est caractérisée en cas de manquement à une obligation de prudence ou de sécurité prévue par la loi ou le réglement (art. 121-3, alinéa 3 du Code pénal).

QROC

La non-patrimonialité du corps est un principe qui suppose que l'on ne peut pas vendre le corps de la personne vivante ou mort, ni même ses éléments et produits.

Cas pratique

Il est impossible de faire part à son conjoint des confidences médicales ou non d'un patient même connu. Le risque est un risque de sanction pénale d'un an d'emprisonnement et de 15 000 € d'amende.
En revanche, concernant les confidences liées à son état de santé et plus exactement à sa prise de médicament, il serait souhaitable d'en informer le médecin prescripteur et de noter ces informations dans le dossier de soins infirmiers. Toutes les autres informations relevant de sa vie privée n'ont aucun intérêt à être partagées pour la prise en charge de la personne.

L'ordre infirmier et le contentieux disciplinaire

QCM

1. c.
Une règle déontologique revêt un caractère juridique au moment où elle est publiée au Journal officiel, c'est-à-dire une reconnaissance du pouvoir légitime de l'État de produire des normes obligatoires, et non pas par le seul fait qu'elle soit émise par un groupe professionnel.

2. a.
L'Ordre national des infirmiers met en place un groupe de travail chargé d'élaborer un projet de code de déontologie propre à la profession.

3. b.
Un ordre professionnel est une personne de droit privé chargée d'effectuer des missions d'ordre public qui consistent essentiellement dans la réglementation de la profession et le pouvoir disciplinaire sur ses membres.

4. c.
L'Ordre national des infirmiers regroupe tous les infirmiers qui exercent dans les différents secteurs d'activités (public, privé, libéral), à l'exception des infirmiers militaires qui sont régis par leur propre statut (art. L. 4312-1 du CSP).

5. b.
L'Ordre national des infirmiers a été instauré par la loi n° 2006-1668 du 21 décembre 2006 portant création de l'Ordre national des infirmiers.

6. a et **c.**
L'obligation de conserver le secret ne concerne bien évidement que les informations reçues à titre professionnel par l'infirmier et non à titre privé. En revanche, elle couvre toute information de nature privée et non les seules données relatives à la santé du patient.

7. c.
La victime d'une faute disciplinaire causée par un infirmier du secteur public adresse sa plainte au président du conseil départemental.

8. d.
Au cours de l'audience disciplinaire, l'infirmier peut se faire assister par un avocat ou par un confrère.

Étude de cas

1. Mesures prises par le directeur de l'établissement hospitalier.

• La suspension pendant six mois
Un même comportement peut donner lieu à un cumul de sanctions, à la fois par l'Ordre et le supérieur hiérarchique. Dans notre cas, il s'agit d'une sanction administrative, qui devra être contestée par l'infirmier devant la juridiction administrative (et non devant le conseil de l'Ordre).

Identification des règles de droit applicables
Pour être valide, cette sanction doit respecter un certain nombre de règles, qui se trouvent en partie dans le Code de la santé publique, en partie dans des dispositions plus générales applicables à toute procédure de sanction administrative ou juridictionnelle.

Parmi les principales conditions de validité d'une sanction, on notera que :
– elle doit être fondée sur une faute du professionnel ;
– elle doit être proportionnée à la gravité du comportement reproché :
– certains principes procéduraux doivent être respectés : en particulier l'infirmier mis en cause doit avoir été préalablement entendu afin de faire valoir ses explications ; pour lui être opposable, la décision de sanction doit avoir été notifiée à l'intéressé et mentionner les délais et voies de recours pour fonder l'application d'une telle sanction.
La proportionnalité de la mesure est cependant laissée à l'appréciation du juge.

Application des règles de droit aux faits
– Nous avons vu que les comportements reprochés pouvaient certainement être qualifiés de fautifs. La sanction semble donc fondée dans son principe.
– Concernant l'exigence de proportionnalité, une suspension de six mois peut sembler sévère, surtout si l'infirmier n'a jamais été sanctionné auparavant. La proportionnalité implique en effet une gradation dans les sanctions, sauf si la gravité est jugée suffisante.
La sanction de suspension est cependant fondée lorsque l'infirmier met gravement en péril la santé des patients. Il s'agit dans ce cas d'une mesure préventive. En effet, le texte de l'article L. 4311-26 du CSP dispose : « L'employeur amené à prendre une mesure de licenciement, révocation ou suspension d'activité d'une infirmière ou d'un infirmier salarié dont l'exercice professionnel expose les patients à un danger grave en informe sans délai le directeur général de l'agence régionale de santé et le représentant de l'État dans le département ».
Si nous sommes dans une telle situation, la question de la proportionnalité de la sanction ne fera pas de difficultés.
Notons que le directeur de l'ARS (agence régionale de santé) peut également prononcer une telle suspension en cas d'urgence. L'alinéa 2 du même article prévoit qu'« en cas d'urgence, lorsque la poursuite par une infirmière ou un infirmier de son exercice professionnel expose ses patients à un danger grave, le directeur général de l'agence régionale de santé prononce la suspension immédiate du droit d'exercer pour une durée maximale de cinq mois. Il informe sans délai l'employeur de sa décision, que celui-ci ait été ou non à l'origine de sa saisine. Le directeur général de l'agence régionale de santé entend l'intéressé au plus tard dans un délai de trois jours suivant la décision de suspension ».
– Concernant la procédure, il faudra vérifier que le contradictoire (possibilité pour l'infirmier de se faire entendre) a été respecté et que la sanction lui a été notifiée. L'article L. 4126-1 applicable par extension aux infirmiers (renvoi général opéré par la loi aux règles des professions médicales pour le contentieux disciplinaire) dispose qu' « aucune peine disciplinaire ne peut être prononcée sans que le médecin, le chirurgien-dentiste ou la sage-femme en cause ait été entendu ou appelé à comparaître ».

• La privation du salaire

La suspension temporaire a en principe pour effet de priver le professionnel de son salaire. Une exception est prévue à l'article L. 4311-27 du CSP : « Lorsqu'elle est motivée par une infirmité ou un état pathologique, la suspension du droit d'exercer prononcée en application de l'article L. 4311-26 ne saurait avoir pour effet de priver l'infirmier ou l'infirmière salarié de sa rémunération jusqu'au prononcé de la décision définitive. »

• La saisine de la juridiction ordinale par le directeur

L'article L. 4124-2 du CSP, également applicable aux infirmiers, dispose que la saisine de la chambre disciplinaire du Conseil de l'ordre en vue de la poursuite d'un professionnel appartient uniquement au ministre chargé de la santé, au représentant de l'État dans le département, au procureur de la République ou, lorsque lesdits actes ont été réalisés dans un établissement public de santé, au directeur de l'agence régionale de l'hospitalisation.

Le directeur d'établissement ne peut valablement lui même saisir cette juridiction. En revanche, l'article L. 4311-26 du CSP lui impose d'aviser le président du conseil régional de l'Ordre, dès lors que la sanction prononcée est fondée sur la violation d'une obligation déontologique.

• Le cumul des responsabilités

Le cumul de responsabilités est possible, car il est admis pour les infirmiers sur la base de l'article L. 4312-9 du CSP qui renvoie à l'application de l'article L. 4126-5 du CSP. Ce dernier énonce clairement que l'action ordinale ne constitue nullement un obstacle pour d'autres sanctions, qu'elles soient de nature pénale, civile, ou même disciplinaire devant l'administration dont dépend l'infirmier. Cela permet donc au patient victime de poursuivre son action devant le juge civil et d'obtenir réparation du préjudice subi.

2. Les garanties offertes à l'infirmier

• Devant l'administration dont dépend l'infirmier

L'infirmier, selon la loi n° 86-33 du 9/01/1986 portant dispositions statutaires relatives à la fonction publique hospitalière, peut présenter un recours contre la décision de l'établissement de santé devant la commission de recours, qui représente l'organe supérieur de recours en matière d'avancement, de discipline et de licenciement en cas d'insuffisance professionnelle.

Cette commission est toutefois, comme les juridictions, soumise à l'exigence d'impartialité de ses membres, comme le rappelle la jurisprudence.

• Devant l'instance ordinale

L'infirmier notifié de la plainte et du dossier va être invité par le président de la chambre disciplinaire à procurer un mémoire de défense dans un délai de 15 jours (art. R. 4126-12 du CSP). Il peut se faire assister par un avocat ou par un confrère inscrit au tableau de l'Ordre auquel il appartient. Il peut aussi répondre à ses manquements tout au long de l'audience.

Droits du patient

QCM

1. b.

Le respect de la dignité de la personne humaine est devenu un principe constitutionnel par décision du Conseil constitutionnel du 27 juillet 2004.

2. a.

Par l'alinéa 11 du préambule de la Constitution du 27 octobre 1946, la Nation « garantit à tous, notamment à l'enfant, à la mère et aux vieux travailleurs, la garantie de la santé ».

3. a, **b** et **c**.

Les réponses a, b et c correspondent aux définitions, respectivement, d'Emmanuel Dreyer, de René Savatier et de Didier Sicard.

4. a, **c** et **d**.

L'information ne peut être donnée que dans le cadre d'un entretien individuel. Si le patient ne veut pas être informé, il faut bien sûr respecter sa décision sauf lorsqu'il est atteint d'une maladie transmissible (c).

De plus, c'est toujours au professionnel qu'il appartient de fournir la preuve de l'information délivrée au patient (d).

5. b, **c** et **d**.

Les mineurs et les majeurs protégés doivent être respectés de la même manière que toute personne. Il s'agit donc de respecter leur dignité.

Ainsi, ils ont toute légitimité pour participer à la prise de décisions relatives aux soins les concernant (b). Il faut néanmoins tenir compte de leur maturité (c) et de leur faculté de discernement (d).

6. a, **b**, **c** et **d**.

Se reporter à l'article L. 1111-7 du CSP, 2e alinéa.

7. a, **c** et **e**.

Se reporter à l'article L. 1111-4 du CSP.

8. a et **c**.

Le médecin peut effectivement se dispenser du consentement du titulaire de l'autorité parentale dans le cas où le mineur est opposé afin de garder le secret de son état de santé (ex. : IVG pour une mineure).

Cependant, le médecin ne peut mettre en œuvre le traitement ou l'intervention qu'à la condition que le mineur soit accompagné d'une personne majeure de son choix (article L. 1111-5 du CSP).

9. a, **b** et **d**.

La personne de confiance est désignée par le patient, au préalable, par écrit (b). Elle est consultée en cas d'impossibilité du patient à donner son consentement (a), mais elle est révocable à tout moment (d). (article L. 1111-6 du CSP).

10. a, **c** et **d**.
Se reporter à l'article R. 1112-43 du CSP. La loi du 4 mars 2002 a consacré le droit, pour le patient, de refuser les soins même lorsqu'en l'absence de ceux-ci, il met sa vie en danger. Néanmoins, le médecin est tenu de l'informer de sa situation et des conséquences du refus de soins et de tout mettre en œuvre pour que le patient accepte les soins indispensables (*cf.* Cass. 1re civ., 15 novembre 2005, n° 04-18180).

QROC

1. La « sauvegarde de la dignité de la personne humaine » est considérée comme un principe à valeur constitutionnelle depuis une décision du Conseil constitutionnel du 27 juillet 1994 relative à l'examen de la conformité à la Constitution de deux lois de bioéthique (la loi relative au respect du corps humain et la loi relative au don et à l'utilisation des éléments et produits du corps humain, à l'assistance médicale à la procréation et au diagnostic prénatal).
La place du respect de la dignité humaine au plus haut niveau de la hiérarchie des normes permet de comprendre pourquoi ce principe est omniprésent dans les lois relatives à la santé.
On peut citer :
– dans le Code civil : articles 16, 16-1 à 16-4 (chapitre II : Du respect du corps humain) ;
– dans le Code de l'action sociale et des familles : articles L. 116-2 et L. 311-3 ;
– dans le Code de la santé publique : article L. 1110-2, R. 4127-38, R. 4312-1 et R. 4312-2.

2. La bioéthique se pose comme une science de médiation entre deux réalités intimement liées mais parfois incompatibles : le progrès scientifique et le devenir de l'humanité.
En effet, les questions de bioéthique se présentent souvent sous la forme de tensions entre des devoirs contradictoires ou apparemment contradictoires.
Il n'est pas de réponse unique à ces questions :
– celle, « traditionnelle », du médecin qui consiste à donner à chaque patient les soins les plus appropriés dans l'état actuel de la science ;
– celle du chercheur qui veut exploiter la méthode expérimentale au service de la connaissance des effets d'une thérapeutique.
Il s'agit alors de trouver une médiation entre le progrès scientifique profitable à l'humanité et celui qui lui serait néfaste.
La révolution biomédicale s'inscrit dans un contexte de rapports étroits entre science et société. Il ne s'agit plus seulement de traiter l'homme mais bien de le reconstruire (« De l'homme réparé à l'homme amélioré »).

Droit et psychiatrie

QCM

1. c.

La loi du 5 juillet 2011 relative aux droits et à la protection des personnes faisant l'objet de soins psychiatriques et aux modalités de leur prise en charge est venue remplacer la loi du 27 juillet 1990. Elle a modifié en profondeur l'organisation de la psychiatrie en France. Outre les soins psychiatriques libres (SPL), cette nouvelle législation définit de façon restrictive les conditions de prise en charge d'une personne sans son consentement.

2. d.

Le terme de « soins psychiatriques sur décision du représentant de l'État » (ou SPDRE) remplace aujourd'hui celui d'« hospitalisation d'office » (ou HO) anciennement visé par la loi du 27 juillet 1990.

3. d.

Les membres du personnel soignant exerçant dans l'établissement d'accueil du malade ne peuvent pas être à l'origine de l'admission de celui-ci. Néanmoins la décision finale d'admission en soins psychiatriques à la demande d'un tiers revient au directeur de l'établissement d'accueil.

4. a.

Dans le cadre de soins psychiatriques sur décision d'un représentant de l'État, la décision d'admission émane directement du préfet ou fait suite à une mesure provisoire prise par le maire.

5. b.

L'admission en soins psychiatriques à la demande d'un tiers requiert deux certificats médicaux datant de moins de 15 jours. Le premier certificat doit être établi par un médecin n'exerçant pas dans l'établissement d'accueil du malade. Le second peut être rédigé par un médecin exerçant dans l'établissement d'accueil du malade. En cas de procédure d'urgence, un seul certificat suffit.

6. c.

En cas de soins psychiatriques sans consentement, la période initiale d'observation et de soins dure 72 heures maximum. À l'issue de cette période, il est décidé des suites de la prise en charge de la personne malade.

7. d.

L'article L. 3211-2 du Code de la santé publique issu de la loi du 5 juillet 2011 dispose qu'une personne faisant l'objet de soins psychiatriques libres possède les mêmes droits liés à l'exercice des libertés individuelles que ceux qui sont reconnus aux malades soignés pour une autre cause.

QROC

Le principe est que tout acte médical doit être librement consenti par la personne prise en charge. Dès lors, la loi du 5 juillet 2011 précise que les soins psychiatriques libres (SPL) doivent être privilégiés lorsque l'état de la personne le permet.

Droit médico-social

QCM

1. a, **b**, **c** et **d**.
La loi n° 2002-2 du 2 janvier 2002 rénovant l'action sociale et médico-sociale définit les garanties dont bénéficient les personnes accueillies dans un établissement ou un service médico-social ainsi que dans les lieux de vie et d'accueil non traditionnels.
Elle a quatre objectifs, définis par l'article L. 116-1 du Code de l'action sociale et des familles (CASF) :
– l'autonomie et la protection des personnes ;
– la cohésion sociale ;
– l'exercice de la citoyenneté ;
– la prévention de l'exclusion et la correction de ses effets.

2. a, **b**, **c**, **d**, **e** et **f**.
Le droit aux soins palliatifs (g) a été précisé par la loi n° 99-477 du 9 juin 1999.
Les directives anticipées (h) ont été introduites par la loi n° 2005-370 du 22 avril 2005, dite loi Leonetti.
La mise en œuvre du projet d'accueil et d'accompagnement (l) est un objectif de la loi n° 2002-2 du 2 janvier 2002 rénovant l'action sociale et médico-sociale.

3. a, **d**, **e**, **f**, **h**, **i** et **j**.
Pour favoriser les droits des résidents et prévenir tout risque de maltraitance, la loi n° 2002-2 du 2 janvier 2002 rénovant l'action sociale et médico-sociale a instauré la création d'outils servant à favoriser la posture d'acteur du résident.

4. a, **b** et **c**.
Le livret d'accueil contient des éléments concernant :
– l'établissement : situation, nom du directeur, conditions de facturation, organisation générale de l'établissement, garanties souscrites en matière d'assurance, liste des personnes qualifiées auxquelles le résident peut faire appel en cas de litige avec l'établissement ;
– les personnes prises en charge ou leurs représentants légaux : principales formalités administratives à remplir (admission, prise en charge, règlement des

frais, dépôts de valeurs), les possibilités et conditions d'hébergement proposées aux proches ainsi que les formes de participation présentes dans l'établissement. La Charte des droits et libertés est annexée au livret d'accueil.

5. a, **b**, **c**, **d**, **g** et **h**.

Cette charte comprend 12 articles qui posent les droits fondamentaux de la personne en institution.

Elle doit obligatoirement être :

– affichée dans l'établissement et le service ;

– remise et expliquée à la personne prise en charge et/ou à son représentant légal dans les établissements sociaux et médico-sociaux.

6. a, **c** et **e**.

Le conseil de vie sociale est le lieu d'expression pour les résidents, mais il n'est pas une instance décisionnelle. Il émet des avis.

7. a, **b**, **c** et **e**.

Ce respect concerne tout ce qui relève de la vie privée quand on est un citoyen. En particulier, la chambre d'un résident constitue un espace privé qui n'est donc pas en libre-accès pour les soignants.

8. a, **b**, **c**, **d** et **e**.

L'alinéa 7 de l'article L. 311-3 du CASF prévoit pour toute personne prise en charge par des établissements et services sociaux et médico-sociaux : « La participation directe ou avec l'aide de son représentant légal à la conception et à la mise en œuvre du projet d'accueil et d'accompagnement qui la concerne ».

Cette participation à son propre projet est un droit pour la personne et non une obligation. En revanche, c'est une obligation pour les professionnels d'inviter la personne à participer aux différentes décisions qui vont émailler son séjour.

9. a, **b**, **c**, **d** et **e**.

La loi n° 2005-370 du 22 avril 2005, dite loi Leonetti, cadre la possibilité pour tout citoyen de décider de sa fin de vie, en visant à limiter l'acharnement thérapeutique, avec notamment la création de l'article L. 1111-10 du Code de la santé publique.

Elle énonce aussi, par l'ajout de l'alinéa 2 de l'article L. 1110-5, l'obligation pour le médecin d'assurer au patient une fin de vie digne tout en interdisant « l'obstination déraisonnable ».

10. a.

La loi de 2005 institue, par l'article L. 1111-13 du Code de la santé publique, une possibilité pour le médecin d'arrêter le traitement sous réserve du respect d'une procédure collégiale.

QROC

1. Les informations médicales d'un proche en cas de décès peuvent être obtenues soit par consultation sur place, soit par l'envoi de copies de documents (frais de délivrance et de copie payants). Si les dispositifs techniques le permettent, le demandeur peut également consulter par voie électronique tout ou partie des informations.

2. La décision d'arrêt du traitement pour une personne en fin de vie est prise par le médecin en charge du patient, après concertation avec l'équipe de soins si elle existe et sur l'avis motivé d'au moins un médecin, appelé en qualité de consultant.
La décision prend en compte les souhaits que le patient aurait antérieurement exprimés, en particulier dans des directives anticipées qu'il aurait rédigées, l'avis de la personne de confiance qu'il aurait désignée ainsi que celui de la famille ou, à défaut, celui d'un de ses proches.

Éthique

Quiz

1.

Énoncés	Modèle biomédical	Modèle biopsychosocial par adaptation du sujet	Modèle biopsychosocial conçu comme existence du sujet ouvert sur le monde
L'infirmier explique au malade ce qu'est une hypoglycémie. **En effet, il est centré sur le symptôme de la maladie.**	x		
Un malade qui souffre d'une maladie chronique n'est pas en bonne santé. **En effet, la santé comme absence de maladie est une conception biomédicale.**	x		

Énoncés	Modèle biomédical	Modèle biopsychosocial par adaptation du sujet	Modèle bio-psychosocial conçu comme existence du sujet ouvert sur le monde
Une équipe soignante réfléchit comment développer une certaine qualité de vie et de bien-être pour les enfants hospitalisés en pédiatrie. **En effet, le bien-être et la qualité de vie définis par l'équipe s'inscrivent dans une conception biopsychosociale par adaptation car l'enfant doit s'adapter à l'hospitalisation et l'équipe va chercher les moyens d'une meilleure adaptation.**		x	
L'infirmier apprend à un malade paraplégique à reconstruire sa vie avec le handicap. **En effet, le fait d'intégrer la santé et la maladie au projet du patient permet au soignant de ne pas nier le handicap mais d'aider le patient à l'intégrer dans sa vie, à exister avec.**			x
Pour me maintenir en santé, je mange cinq légumes ou fruits par jour. **En effet, on est dans une norme de bien-être fixée par la société dans une conception positive de la santé mais en s'adaptant aux normes.**		x	
Quand un patient est en aplasie après une chimiothérapie, il doit respecter des normes draconiennes. **En effet, ici on se centre sur la maladie et le traitement.**	x		

Énoncés	Modèle biomédical	Modèle biopsychosocial par adaptation du sujet	Modèle biopsychosocial conçu comme existence du sujet ouvert sur le monde
Pour mon bien-être, je fais du sport tous les jours. **En effet, les normes de bien-être par adaptation sont fixées par la société.**		x	
L'infirmier aide le patient psychotique à vivre en appartement, et repère ses limites et ses ressources. **En effet, le malade apprend à vivre avec la maladie avec l'aide de l'infirmier qui prend en compte ses limites mais aussi ses ressources.**			x
Le corps humain est comme une mécanique, il se répare après une fracture. **En effet, le continuum maladie – traitement pour guérir est typiquement biomédical.**	x		
Le soignant, lors d'une consultation, respecte la décision du patient d'arrêter son traitement malgré les risques, mais il lui propose de revenir si besoin. **En effet, le respect de la décision du patient est ancré dans un modèle biopsychosocial centré sur les choix et les limites du patient, mais aussi sur ses possibilités de cheminement ; d'où l'importance de laisser la porte ouverte.**			x

2.

Énoncés	Morale	Déontologie	Éthique
Je frappe systématiquement avant d'entrer dans une chambre. **En effet, la manière dont est formulée cette affirmation fait appel à ce qu'il est bien de faire.**	x		
Mon métier m'impose une certaine discrétion professionnelle. **En effet, la discrétion fait partie des règles déontologiques du métier.**		x	
Je me dois de donner une douche au patient chaque jour. **En effet, la morale de ce soignant lui dicte ce qu'il doit faire en termes d'hygiène. Pourtant, il y a des situations où cette règle peut être questionnée.**	x		
Un patient demande à lire son dossier en référence à la loi du 4 mars 2002. **En effet, cette question, qui trouve une réponse dans un article de la loi de 2002, fait appel aux codes du métier donc à la déontologie.**		x	
Je suis stagiaire dans un service de psychiatrie et je suis choqué de voir que tout le monde tutoie les malades. Je trouve qu'il y a un manque de politesse. **En effet, le jugement moral est prégnant dans cette affirmation.**	x		
Je souhaiterais débattre sur l'intérêt et les limites du tutoiement en psychiatrie. **En effet, ce débat devient éthique parce qu'on ne trouve pas forcément une réponse dans la morale et la déontologie. Parfois, le tutoiement peut avoir des effets thérapeutiques, parfois non. Cela devient un vrai débat éthique.**			x
Je respecte le protocole d'hygiène d'un soin prescrit. **En effet, le protocole fait partie des codes du métier donc de la déontologie.**		x	

Énoncés	Morale	Déontologie	Éthique
Doit-on systématiquement annoncer le diagnostic d'une maladie grave au patient ? **En effet, cette question ouvre sur un authentique débat éthique : quand, comment annoncer un diagnostic ? En quoi aide-t-il le patient ou pas ? Jusqu'où respecter le droit à l'information ?**			x
Le traitement doit toujours être respecté pour guérir. **En effet, cette affirmation fait référence à la notion de ce qui est bien. Comment faire face au désir du patient d'arrêter tous les soins ? On entre tout de suite dans le débat éthique.**	x		
Comment faire face au désir du patient d'arrêter tous les soins ? **On entre tout de suite dans le débat éthique.**			x

Étude de cas

• Étape 1 : Questionnements

L'extrait ci-dessous des questionnements non exhaustifs est tiré d'un travail réalisé par des étudiants cadres IFCS Aix, en 2010, lors d'un débat éthique autour de cette situation.

– Survivre, est-ce vivre par rapport à la souffrance de l'enfant ?
– Qu'est-on prêt à faire par amour ?
– Pourquoi l'enfant et ses douleurs ne sont-elles pas suffisamment prises en considération ?
– Y a-t-il un accompagnement psychologique pour l'équipe et les parents ?
– Comment faire avec la culpabilité, la dignité humaine, la souffrance quand il n'y a plus d'espoir ?
– Comment aider les soignants face à la culpabilité engendrée par l'échec thérapeutique ?
– Comment aider les parents ?
– Comment peut-on prendre ou pas la décision qu'il vaut mieux mourir pour un être vivant ?
– Comment mettre en débat tous les points de vue sans en occulter ?

– Qu'est-ce que la qualité de vie ? Qu'est-ce qu'une vie « bonne » ?
– L'existence est-elle caractérisée par le lien à l'autre ?

• Étape 2 : Analyse objective

La situation décrite se déroule au sein d'un établissement de santé en service de pédiatrie où une équipe se trouve confrontée à une prise de décision face aux soins prodigués à une petite fille de un an atteinte d'une maladie métabolique congénitale et qui souffre atrocement.

Il n'y a pas grand espoir d'amélioration. Elle est sous oxygène, a subi une réanimation.

Les acteurs et leurs liens avec la patiente :

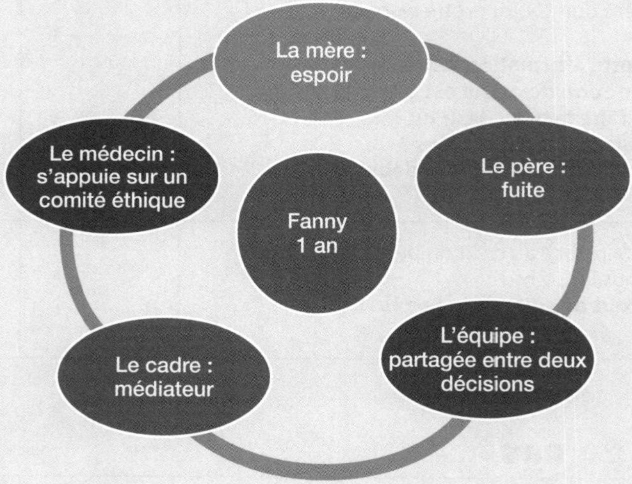

Acteurs	Analyse objective
Fanny	Âgée de un an, a toujours été hospitalisée, souffre atrocement, pas de traitement efficace ; elle semble arriver à être en relation avec la mère.
La mère	Elle a de l'espoir pour sa fille avec qui elle vit une relation. Pour elle, son enfant est en vie.
Le père	Il est peu présent, semblant fuir cette situation trop douloureuse pour lui. Il exprime sa souffrance par l'absence.
Les soignants	Équipe divisée entre diverses priorités : la souffrance de l'enfant, le sentiment d'incurabilité, le désir d'y croire encore. Elle questionne le sens de l'acharnement thérapeutique.
Le cadre	Il se positionne comme médiateur entre l'équipe et le médecin.
Le médecin	Ne semble pas avoir de position précise même s'il se réfère à la décision du comité d'éthique qu'il a convoqué. Il reste ancré dans une conception biomédicale.

• Étape 3 : Analyse subjective

Elle est le fruit d'une compréhension de sujet à sujet pour tenter de comprendre ce que vit autrui, ses souffrances, ses doutes, ses espoirs, ses fuites, ses limites, ses ressources, etc.

Il s'agit de reconnaître chacun dans sa singularité en restant à l'éveil de sa propre subjectivité qui est en lien direct avec notre humanité. Cette analyse subjective intègre l'analyse objective en la dépassant.

Acteurs	Analyse subjective
Fanny	À quel moment est-on considéré comme sujet ? Comment savoir ce que Fanny aimerait ?
La mère	Refuse-t-elle de voir la réalité ? Et quelle réalité ? Peut-on demander à des parents de prendre une décision sur la vie ou la mort de leur enfant ? Doit-on pour autant les écarter de la décision ?
Le père	Se sent-il démuni ? Comment l'intégrer dans les soins ?
Les soignants	Jusqu'où cette situation peut-elle les impliquer de manière intime ? Comment concilier les points de vue ?
Le cadre	Comment peut-il redonner sens au travail d'équipe ? Comment peut-il permettre l'expression de tous avant la décision ?
Le médecin	Est-il en conflit de loyauté par rapport au serment d'Hippocrate ? Est-ce difficile pour lui ?

Nous pouvons percevoir que cette étape permet de commencer un véritable travail de distanciation et de s'élever vers un débat éthique hors de tout jugement moral.

• Étape 4 : Analyse conceptuelle qui ouvre à une prise de décision

Analyse au regard des aspects juridiques	– La nécessité de respecter les droits du citoyen, du corps humain et de la primauté de la personne est stipulée dans la Chartre du patient hospitalisé. – La loi du 4 mars 2002 précise que le médecin doit donner toutes les informations au patient ou à sa famille sur sa maladie pour qu'il puisse faire des choix. – La loi du 22 avril 2005 (loi Leonetti) précise que la prise en compte des décisions du patient est fondamentale, notamment de ses droits en fin de vie. Elle ouvre au questionnement éthique en interdisant toute obstination déraisonnable et en encourageant la décision collégiale.

Analyse au regard des aspects psychosociaux	– Le sentiment de culpabilité des parents suite à la maladie congénitale de Fanny est à exploiter. – Le médecin s'appuie sur une conception biomédicale de la santé qui pourrait révéler son impuissance face à cette situation, laquelle est perceptible par une partie de l'équipe. – Une conception de la santé centrée sur l'existence du sujet permet surtout d'identifier les limites du traitement biomédical et l'importance de se centrer sur la souffrance de l'enfant. Un travail avec la famille est incontournable pour exploiter avec eux l'impact de la maladie de l'enfant et de sa gravité sur leurs projets. Il s'agit aussi d'accompagner leur souffrance plutôt que de la nier et d'accompagner les décisions. Car le père fuit et la mère s'accroche à son désir irrationnel de vie qu'elle interprète dans le moindre signe.
Analyse au regard des aspects philosophiques (conception de l'éthique)	Le débat éthique peut par exemple s'ouvrir sur deux propositions : 1) la poursuite du traitement dans l'espoir de la découverte d'une nouvelle molécule : – on entretient l'espoir de la mère ; – la souffrance de Fanny peut s'amplifier mais Fanny va continuer à vivre ; – le père risque de continuer à fuir ; – la découverte d'un traitement peut survenir ; – il n'y aura pas de grosses réanimations. On privilégie une conception biomédicale de la santé et une éthique de la responsabilité. 2) l'arrêt des traitements lourds avec une mise en route de soins palliatifs : – il s'agira d'accompagner la souffrance psychologique de la famille ; – mettre en place une analyse des pratiques en équipe ; – cette décision permet de diminuer la souffrance de Fanny ; – accompagner l'approche de la mort. On privilégie une conception biopsychosociale centrée sur l'existence du sujet et les limites de chacun, et une éthique de la relation.

À chacun de décider en son for intérieur en cohérence avec ses valeurs et ce qu'il considère « moins pire ». Les choix seront débattus et la décision prise sera celle qui se dégage majoritairement.

UE 2.1

BIOLOGIE FONDAMENTALE

Rappels des objectifs et contenus

UE 2.1 S1
Biologie fondamentale

Objectif 1

Identifier le vivant et ses caractéristiques

Objectif 2

Développer une vision intégrée des niveaux d'organisation de la cellule à l'organisme

Objectif 3

S'approprier des connaissances de base en biologie cellulaire et moléculaire

Objectif 4

Faire le lien entre des connaissances biologiques et des notions d'homéostasie, de maladie ou de thérapeutique

Éléments de contenu :

- Les molécules constitutives du vivant et leur fonction dans les équilibres ou déséquilibres biologiques :
  - oxygène, eau, eau oxygénée, carbone, chlore, soufre azote, ammoniac, acide nitrique, nitrates, nitrites, phosphates, sodium, potassium, magnésium, calcium, mercure ;
  - les oligoéléments, les enzymes ;
  - les nutriments, glucides, protides, protéines lipides.
- La cellule :
  - le cycle cellulaire, les différenciations cellulaires et la notion de tissus, les types et structures de cellules, la communication intercellulaire, récepteurs et médiateurs ;
  - la vie cellulaire et le fonctionnement des cellules excitables (nerveuses et musculaires), l'action du neurone et la transmission, synapses, contraction musculaire.

Auto-évaluation

Complétez dans le tableau ci-dessous les rôles des ions mentionnés dans la première colonne. Complétez également avec les manifestations en lien avec des carences ou des excès de ces ions.

Principaux ions présents dans le corps humain

Noms	**Dans le sang**	**Normes (en mmol/L)**	**Rôles dans l'organisme**	**Symptômes**
Sodium (Na) Milieu extra-cellulaire	Natrémie	135-145	– – – – –	• Carence : • Excès :
Potassium (K) Milieu intra-cellulaire	Kaliémie	3,5-4,5	– – –	• Carence : • Excès :
Calcium (Ca)	Calcémie	2,2-2,6	– – – –	• Carence : • Excès :

Noms	Dans le sang	Normes (en mmol/L)	Rôles dans l'organisme	Symptômes
Chlore (Cl) Milieu extra-cellulaire	Chlorémie	95-105	– – – –	• Carence : • Excès :
Magnésium (Mg) Milieu intracellulaire	Magnésémie	0,7-1,1	– –	• Carence : • Excès :
Phosphore (P)	Phosphorémie	0,8-1,3	– –	• Carence : • Excès :

Corrigé

Noms	Dans le sang	Normes (en mmol/L)	Rôles dans l'organisme	Symptômes
Sodium (Na) Milieu extra-cellulaire	Natrémie	135-145	– Transport de certaines molécules à travers la membrane – Équilibre du potentiel de membrane – Équilibre hydrique et électrolytique – Répartition de l'eau dans l'organisme – Essentiel à l'excitation des fibres nerveuses et la contraction musculaire	• Carence : perte d'appétit, perte de poids, crampes musculaires, sécheresse de la peau, absence de soif • Excès : soif intense, hypertension, oedème, essoufflement
Potassium (K) Milieu intra-cellulaire	Kaliémie	3,5-4,5	– Équilibre osmotique – Favorise la diurèse – Essentiel au maintien de la perméabilité sélective cellulaire, de l'excitabilité des fibres nerveuses et de la contraction musculaire	• Carence : faiblesse musculaire, paralysie, somnolence, troubles cardiaques • Excès : troubles cardiaques, tremblements et paresthésies
Calcium (Ca)	Calcémie	2,2-2,6	– Structure osseuse et dentition – Coagulation sanguine – Transmission de l'influx nerveux – Contraction musculaire et cardiaque	• Carence : retard de croissance, perte de masse osseuse, ostéoporose • Excès : fonction nerveuse réduite, faiblesse musculaire, dépôts dans les tissus mous
Chlore (Cl) Milieu extra-cellulaire	Chlorémie	95-105	– Pression osmotique – Équilibre acido-basique – Régulation du pH – Sécrétion du suc gastrique	• Carence : crampes musculaires, perte d'appétit • Excès : vomissements

Noms	Dans le sang	Normes (en mmol/L)	Rôles dans l'organisme	Symptômes
Magnésium (Mg) Milieu intracellulaire	Magnésémie	0,7-1,1	– Réactions enzymatiques – Rôle dans le contrôle de l'activité neuromusculaire, de la transmission de l'excitation myocardique, musculaire et du tonus vasculaire	• Carence : crampes musculaires, tremblements, convulsions, troubles du rythme cardiaque • Excès : dépression du système nerveux central, perturbation de la transmission nerveuse, diarrhée
Phosphore (P)	Phosphorémie	0,8-1,3	– Formation des os et des dents – Équilibre acido-basique	• Carence : perte de minéraux des os, rachitisme

Entraînements

De l'atome aux minéraux du corps humain

QCM

lienmini.fr/S1-QCM12

Au moins l'une des réponses proposées est exacte.

1. Concernant les ions :

❍ **a.** Na^+ est l'ion sodium.

❍ **b.** K^+ est l'ion calcium.

❍ **c.** Ca^{2+} est l'ion potassium.

❍ **d.** Mg^{2+} est l'ion magnésium.

2. Le pH d'une solution :

❍ **a.** caractérise la teneur de la solution en H_3O^+.

❍ **b.** acide est inférieur à 7.

❍ **c.** basique est supérieur à 7.

❍ **d.** basique est inférieur à 7.

3. Une solution hypotonique :

❍ **a.** entraîne une augmentation du volume cellulaire par entrée d'eau.

❍ **b.** entraîne une diminution du volume cellulaire par sortie d'eau.

❍ **c.** est efficace pour hydrater une cellule.

❍ **d.** contient plus d'espèces osmotiquement actives que la solution hypertonique.

4. Une solution hypertonique :

❍ **a.** entraîne une diminution du volume cellulaire.

❍ **b.** pourrait être une solution d'eau pure.

❍ **c.** entraîne une augmentation du volume cellulaire par entrée d'eau.

❍ **d.** est plus riche en espèces osmotiquement actives que le milieu intracellulaire.

5. Les pertes d'eau de l'organisme se produisent par :

❍ **a.** la respiration.

❍ **b.** la sueur.

❍ **c.** l'urine.

❍ **d.** la sécrétion de l'ADH.

6. Concernant les éléments majeurs du corps humain :

❍ **a.** l'azote est uniquement localisé dans les acides aminés.

❍ **b.** l'azote est principalement éliminé sous forme d'ammoniac.

❍ **c.** la maladie de la « goutte » a un lien avec le processus d'élimination de l'azote.

❍ **d.** l'hypernatrémie peut conduire à la déshydratation cellulaire.

7. Les ions les plus importants de l'espace extracellulaire sont :
❍ **a.** l'ion sodium.
❍ **b.** l'ion potassium.
❍ **c.** l'ion chlorure.
❍ **d.** l'ion calcium.

8. Le cation intracellulaire majeur est :
❍ **a.** l'ion magnésium.
❍ **b.** l'ion potassium.
❍ **c.** l'ion phosphate.
❍ **d.** l'ion ferreux.

QROC

1. Définissez chacun des termes suivants : solution, solvant, soluté.

2. Quel est le rôle de l'eau dans l'organisme ?

Macronutriments, micronutriments et enzymes

QCM

lienmini.fr/S1-QCM13

Au moins l'une des réponses proposées est exacte.

1. Le glucose :
❍ **a.** est un cétose.
❍ **b.** est plutôt soluble dans l'eau.
❍ **c.** est un sucre que l'on trouve dans l'ADN.
❍ **d.** est un sucre qui fait monter lentement le taux de glucose sanguin.

2. La glycolyse :
❍ **a.** concerne la dégradation du glucose
❍ **b.** concerne la dégradation du glycogène.
❍ **c.** produit de l'ATP.
❍ **d.** consomme de l'ATP.

3. Concernant l'absorption des oses au cours de la digestion :
❍ **a.** elle s'effectue dans l'estomac.
❍ **b.** elle s'effectue au niveau de la muqueuse intestinale.
❍ **c.** elle peut se faire avec des oses sous forme de diholosides.
❍ **d.** l'amidon peut être absorbé directement sous cette forme.

4. Les triglycérides (TG) :
❍ **a.** contiennent du glycérol (estérifié).
❍ **b.** sont des constituants majeurs des membranes.
❍ **c.** contiennent deux molécules d'acide gras (estérifié) par molécule de TG.
❍ **d.** peuvent être transportés du foie vers les tissus par les VLDL.

5. Concernant le cholestérol :
❍ **a.** il est le précurseur des hormones stéroïdiennes.
❍ **b.** il est très majoritairement apporté par l'alimentation.
❍ **c.** l'utilisation d'une statine suffit à supprimer complétement son apport dans le corps humain.
❍ **d.** son élimination passe par sa transformation en acide biliaire.

6. La vitamine D :
❍ **a.** est une vitamine hydrosoluble.
❍ **b.** n'est apportée que par l'alimentation.
❍ **c.** est impliquée dans l'absorption intestinale du calcium.
❍ **d.** est la vitamine majeure impliquée dans la vision.

7. La sérotonine :
❍ **a.** est un lipide.
❍ **b.** est un acide aminé.
❍ **c.** dérive du tryptophane.
❍ **d.** est concernée par l'action des antidépresseurs.

8. L'histamine est :
❍ **a.** un acide aminé.
❍ **b.** un médiateur de la sécrétion acide de l'estomac.
❍ **c.** un médiateur de la réponse allergique.
❍ **d.** obtenue par décarboxylation de la dopamine.

QROC

Citez quatre vitamines liposolubles et leur action physiologique majeure.

Vrai ou faux

Proposition	Vrai	Faux
1. La vitamine D est impliquée dans le métabolisme phosphocalcique osseux.		
2. La vitamine E permet d'éliminer des radicaux dangereux pour les membranes.		
3. La vitamine B9 est impliquée dans la synthèse des bases de l'ADN.		
4. La carence en vitamine C conduit à la pellagre.		
5. L'intégrité de l'estomac est indispensable à l'action propre de la vitamine B9.		

Organisation de la cellule eucaryote

QCM

lienmini.fr/S1-QCM14

Au moins l'une des réponses proposées est exacte.

1. Une cellule :

❍ **a.** est l'unité de structure du vivant, comme la brique d'un mur.
❍ **b.** est incapable de se reproduire.
❍ **c.** peut contenir ou non un noyau.
❍ **d.** peut contenir ou non une information génétique.

2. Concernant les cellules eucaryotes :

❍ **a.** elles contiennent un ou plusieurs noyaux.
❍ **b.** elles contiennent un ou plusieurs organites.
❍ **c.** les organites sont toujours entourés d'une membrane.
❍ **d.** elles communiquent avec l'extérieur pour se nourrir et fonctionner.

3. Le noyau :

❍ **a.** est l'organite principal de la cellule eucaryote.
❍ **b.** est présent dans les cellules procaryotes.
❍ **c.** renferme l'information génétique sous la forme d'ADN.
❍ **d.** est entouré d'une enveloppe qui contrôle les échanges entre le noyau et le cytoplasme.

4. La mitochondrie :

❍ **a.** est le siège de la respiration cellulaire.
❍ **b.** ne permet pas la synthèse d'ATP.
❍ **c.** est impliquée dans de nombreuses pathologies des muscles et du système nerveux.
❍ **d.** est indispensable à la vie cellulaire.

5. Les microfilaments d'actine :

❍ **a.** se rétrécissent et s'allongent en permanence.
❍ **b.** par leur dynamisme, permettent à la cellule de changer de forme ou de migrer.
❍ **c.** sont constitués d'une protéine, la tubuline.
❍ **d.** sont impliqués dans certaines pathologies des muscles comme les myopathies.

6. Concernant les tissus :

❍ **a.** plusieurs tissus s'associent pour former un organe.
❍ **b.** il existe trois types de tissus : les tissus nerveux, les tissus conjonctifs et les tissus épithéliaux.
❍ **c.** les contractions des muscles de la paroi intestinale provoquent le déplacement involontaire de la nourriture.
❍ **d.** les cellules d'un tissu se ressemblent par leur forme, leur disposition et la fonction qu'elles doivent accomplir.

7. Concernant les épithéliums :

❍ **a.** un épithélium peut être composé de plusieurs couches de cellules.
❍ **b.** ils ont un rôle de frontière avec l'extérieur.
❍ **c.** la peau, la muqueuse intestinale et la trachée sont en partie constituées par des épithéliums.
❍ **d.** la paroi des vaisseaux est un épithélium, appelé endothélium.

8. Le sang :

❍ **a.** est un tissu.
❍ **b.** est composé de cellules.
❍ **c.** est composé de plasma.
❍ **d.** est composé d'ions.

QROC

1. Qu'est-ce qui constitue la frontière entre les cellules ?

2. Définissez l'hématopoïèse.

Vie et mort des cellules eucaryotes

QCM

lienmini.fr/S1-QCM15

Au moins l'une des réponses proposées est exacte.

1. Concernant la mitose :

❍ **a.** elle intervient pour la division de toutes les cellules, eucaryotes et procaryotes.
❍ **b.** sa durée est de plusieurs jours.
❍ **c.** l'enveloppe nucléaire y joue un rôle essentiel.
❍ **d.** le cytosquelette y joue un rôle-clé sous la forme du fuseau mitotique.

2. À la fin de la mitose, on obtient :

❍ **a.** une cellule fille dans certains cas.
❍ **b.** deux cellules filles ayant strictement le même contenu en ADN génomique que la cellule mère.
❍ **c.** deux cellules filles ayant strictement le même contenu en organites que la cellule mère.
❍ **d.** quatre cellules filles ayant un contenu en ADN génomique divisé par deux par rapport à la cellule mère.

3. La méiose :

❍ **a.** est caractérisée par un brassage génétique.
❍ **b.** conduit à quatre cellules filles portant le même nombre de chromosomes que la cellule mère.
❍ **c.** voit rarement la survenue d'anomalies.
❍ **d.** a la même durée chez l'homme et chez la femme.

4. Le cycle cellulaire :

❍ **a.** comprend l'ensemble des étapes aboutissant à la division de la cellule.
❍ **b.** est très variable d'une cellule eucaryote à une autre.
❍ **c.** progresse dans un sens bien défini.
❍ **d.** est indépendant de la mitose.

5. La mort cellulaire :

❍ **a.** intervient pendant l'embryogenèse et dans les tissus adultes.
❍ **b.** est toujours pathologique.
❍ **c.** est toujours subie par la cellule.
❍ **d.** entraîne toujours une inflammation de l'environnement cellulaire.

6. L'apoptose est déclenchée de manière physiologique :

❍ **a.** lors de la morphogenèse.
❍ **b.** lors de la construction du système immunitaire.

❍ **c.** pour éliminer une cellule infectée.
❍ **d.** après détection, par la cellule, d'anomalies graves de son ADN.

7. L'organite impliqué dans la voie intrinsèque de l'apoptose est :
❍ **a.** le peroxysome.
❍ **b.** le réticulum endoplasmique.
❍ **c.** l'appareil de Golgi.
❍ **d.** la mitochondrie.

8. Une cellule cancéreuse est caractérisée par :
❍ **a.** une prolifération cellulaire augmentée.
❍ **b.** une prolifération cellulaire diminuée.
❍ **c.** une apoptose augmentée.
❍ **d.** une survie cellulaire augmentée.

QROC

**1. a. Citez les deux grandes phases du cycle cellulaire.
Quelle est la phase la plus longue ?
b. À quel moment du cycle la réplication de l'ADN a-t-elle lieu ?**

2. Quelles sont les trois formes majeures de la mort cellulaire ?

Cellules souches, différenciation cellulaire et médecine régénératrice

QCM

lienmini.fr/S1-QCM16

Au moins l'une des réponses proposées est exacte.

1. L'organisme humain adulte :
❍ **a.** contient environ 200 tissus différents.
❍ **b.** contient environ 500 tissus différents.
❍ **c.** ne peut régénérer aucun tissu.
❍ **d.** ne contient aucune cellule souche, contrairement à l'embryon.

2. Concernant les tissus adultes :
❍ **a.** ils sont constitués uniquement de cellules différenciées.
❍ **b.** les cellules différenciées d'un individu diffèrent par leur contenu en ADN (génome).
❍ **c.** les cellules différenciées expriment toutes les mêmes gènes.

❍ **d.** certains gènes sont dits tissu-spécifiques car ils ne s'expriment que dans un type cellulaire donné.

3. Les propriétés caractéristiques d'une cellule souche sont :

❍ **a.** la sénescence.
❍ **b.** la capacité d'autorenouvellement.
❍ **c.** l'apoptose.
❍ **d.** la capacité à donner une cellule différenciée.

4. Les cellules souches provenant de l'embryon sont :

❍ **a.** les cellules souches totipotentes.
❍ **b.** les cellules souches pluripotentes.
❍ **c.** les cellules souches pluripotentes induites (iPS).
❍ **d.** les progéniteurs.

5. La différenciation tissulaire :

❍ **a.** fait appel à un grand nombre de facteurs différents.
❍ **b.** n'existe qu'au cours de l'embryogenèse.
❍ **c.** est impossible à reproduire in vitro.
❍ **d.** est largement étudiée dans le cadre de la médecine régénératrice.

6. Les cellules souches embryonnaires :

❍ **a.** sont totipotentes.
❍ **b.** sont pluripotentes.
❍ **c.** peuvent être utilisées librement dans les laboratoires de recherche en France.
❍ **d.** présentent un risque de transformation tumorale du fait de leur fort pouvoir prolifératif.

7. Les iPS :

❍ **a.** correspondent à la reprogrammation vers la pluripotence de cellules adultes différenciées.
❍ **b.** doivent obligatoirement provenir d'un sujet jeune (moins de 20 ans).
❍ **c.** nécessitent, pour être obtenues, une vingtaine de facteurs différents.
❍ **d.** sont déjà utilisées dans la pratique clinique.

8. La médecine régénératrice :

❍ **a.** est utilisée actuellement dans les greffes de moelle osseuse.
❍ **b.** consiste à greffer des organes (rein, foie, etc.) d'un individu à un autre.
❍ **c.** repose sur l'utilisation de cellules souches.
❍ **d.** est utilisée en clinique pour régénérer pratiquement tous les tissus humains.

QROC

1. Citez un risque lié à l'utilisation de cellules souches chez un patient.

2. Complétez le tableau suivant.

Type de cellules souches	Origine	Caractéristiques
Cellules souches totipotentes		
Cellules souches pluripotentes		
Cellules souches multipotentes		
Cellules souches unipotentes		
Cellules souches adultes		

Communication intercellulaire et vie des cellules excitables

QCM

lienmini.fr/S1-QCM17

Au moins l'une des réponses proposées est exacte.

1. La communication intercellulaire :
❍ **a.** fait intervenir des cellules à différents endroits de l'organisme.
❍ **b.** consiste en une coopération entre des cellules qui ont chacune des fonctions bien spécifiques dans l'organisme.
❍ **c.** implique la sécrétion de molécules porteuses de signal.
❍ **d.** n'est pas indispensable au fonctionnement de l'organisme.

2. Concernant le mode de transmission endocrine :
❍ **a.** la cellule qui produit le signal est éloignée de la cellule cible.
❍ **b.** le médiateur est sécrété dans le milieu extracellulaire.
❍ **c.** les œstrogènes ne sont pas sécrétés de manière endocrine.
❍ **d.** les facteurs de croissance sont sécrétés de manière endocrine.

3. Concernant le mode de transmission paracrine :
❍ **a.** la cellule cible est proche de la cellule sécrétrice.
❍ **b.** les molécules sont sécrétées dans le sang.

❍ **c.** dans certains cancers, les facteurs de croissance, sécrétés de manière paracrine, permettent à la tumeur de se développer.
❍ **d.** le signal atteint rapidement la cellule cible.

4. Dans le mode de transmission neuronal :
❍ **a.** le corps cellulaire du neurone producteur et la cellule cible sont éloignés.
❍ **b.** le signal se transmet rapidement.
❍ **c.** les molécules sécrétées sont des neuromédiateurs, comme l'acétylcholine, la dopamine, la sérotonine.
❍ **d.** la cellule cible est obligatoirement une cellule nerveuse.

5. Concernant le mode de transmission par jonctions gap (communicantes) :
❍ **a.** la communication se fait entre les noyaux des deux cellules qui communiquent.
❍ **b.** la communication est directe, via des pores dans les membranes plasmiques des deux cellules accolées.
❍ **c.** toutes les molécules peuvent traverser les pores dans les membranes plasmiques des deux cellules accolées.
❍ **d.** il permet une réponse biologique très rapide.

6. Les dendrites :
❍ **a.** transmettent les informations au corps cellulaire.
❍ **b.** sont une structure réceptrice.
❍ **c.** ont une structure conductrice.
❍ **d.** émettent l'information.

7. La fibre musculaire :
❍ **a.** est multinucléée.
❍ **b.** est cylindrique.
❍ **c.** ne se divise pas.
❍ **d.** est entourée par une membrane.

8. Le potentiel d'action :
❍ **a.** est une variation du potentiel de membrane.
❍ **b.** se propage d'un neurone à l'autre.
❍ **c.** utilise la synapse.
❍ **d.** est une conduction électrique.

QROC

1. Citez le rôle de l'ion calcium Ca^{2+} dans la contraction musculaire.

2. Décrivez le fonctionnement de la synapse chimique.

QCM

lienmini.fr/S1-QCM18

Au moins l'une des réponses proposées est exacte.

1. L'ADN :

❍ **a.** peut être contenu dans le noyau des cellules.
❍ **b.** peut être mitochondrial ou nucléaire.
❍ **c.** est sous la forme simple brin chez l'être humain.
❍ **d.** contient les informations génétiques.
❍ **e.** est composé de 48 filaments chez l'être humain.

2. Les télomères :

❍ **a.** correspondent aux extrémités des chromosomes.
❍ **b.** n'ont aucun rôle dans la mitose et dans la méiose.
❍ **c.** sont des constituants du cytoplasme.
❍ **d.** ne sont pas des éléments indispensables chez l'être humain.

3. Les chromosomes sont :

❍ **a.** visibles dans le cytoplasme.
❍ **b.** répartis en 23 paires chez l'être humain lors de l'analyse du caryotype.
❍ **c.** sont au nombre de 46 lors de la mitose.
❍ **d.** organisent les organites cellulaires.
❍ **e.** sont composés d'ADN et de protéines.

4. Les gènes :

❍ **a.** permettent de déterminer comment et quand fabriquer les protéines.
❍ **b.** sont au nombre de 20 000 à 30 000 dans l'espèce humaine.
❍ **c.** sont étudiés par le caryotype.
❍ **d.** ne codent chacun que pour une seule fonction.

5. Concernant la synthèse des protéines :

❍ **a.** une mutation dans l'ADN peut avoir comme conséquence une protéine trop courte et/ou non fonctionnelle.
❍ **b.** toutes les variations de l'ADN sont responsables de la fabrication de protéines anomales.
❍ **c.** les protéines sont fabriquées dans le réticulum endoplasmique en partie grâce aux ribosomes.
❍ **d.** les anticodons correspondent à des ARN de transfert associés à des acides aminés.

6. Concernant le génome humain et les maladies génétiques :

❍ **a.** un changement de nucléotide dans un exon d'un gène correspond toujours à une mutation.

❍ **b.** une mutation dans un gène a, la plupart du temps, comme conséquence l'apparition d'une maladie génique.

❍ **c.** une anomalie du nombre des chromosomes, hors gonosomes, correspond à une maladie chromosomique.

❍ **d.** un polymorphisme est toujours responsable d'une maladie génétique.

QROC

Décrivez brièvement les étapes principales de la synthèse des protéines.

Bases essentielles de l'hérédité

QCM

lienmini.fr/S1-QCM19

Au moins l'une des réponses proposées est exacte.

1. La réplication de l'ADN :

❍ **a.** est une étape indispensable de la mitose et de la méiose.

❍ **b.** commence après la reconnaissance des origines de réplication.

❍ **c.** commence après la formation des chromatides sœurs.

❍ **d.** conduit à un brin fille qui doit être une réplique fidèle du brin matrice.

❍ **e.** avec des erreurs peut être responsable de maladies graves.

2. Concernant l'hérédité :

❍ **a.** elle correspond à la transmission de caractéristiques génétiques d'une génération à la suivante, que cela concerne des cellules ou un organisme vivant.

❍ **b.** elle a pour support l'ADN.

❍ **c.** l'analyse d'un arbre généalogique ne permet pas d'aider au diagnostic pour une famille avec plusieurs membres atteints.

❍ **d.** elle est complexe, avec plusieurs modes de transmission ou d'apparition de maladies.

3. En cas d'hérédité autosomique dominante :

❍ **a.** plusieurs générations sont atteintes.
❍ **b.** les gènes mutés sont des gènes sensibles au dosage génique.
❍ **c.** les hommes et les femmes peuvent être atteints.
❍ **d.** les hommes sont toujours plus atteints que les femmes.

4. En cas d'hérédité autosomique récessive :

❍ **a.** plusieurs générations sont atteintes.
❍ **b.** les gènes atteints sont des gènes sensibles au dosage génique.
❍ **c.** une consanguinité augmente le risque de maladie récessive.
❍ **d.** il y a un risque de 25 % que le prochain enfant du couple soit atteint.

5. L'hérédité liée à l'X :

❍ **a.** peut être récessive ou dominante.
❍ **b.** est liée à une anomalie des gènes sur le chromosome X.
❍ **c.** est liée à une anomalie des gènes sur le chromosome Y.
❍ **d.** n'atteint jamais les femmes.

6. Les maladies génétiques :

❍ **a.** sont toutes héritées d'au moins l'un des deux parents.
❍ **b.** peuvent « sauter » une génération.
❍ **c.** sont étudiées uniquement par le caryotype.
❍ **d.** peuvent apparaître dans une famille sans qu'il y ait d'antécédent.

QROC

1. Résumez succinctement les buts et fonctions de la méiose.

2. Décrivez brièvement le mode d'hérédité récessif lié à l'X.

Corrigés

De l'atome aux minéraux du corps humain

QCM

1. a et **d**.
K^+ est l'ion potassium et Ca^{2+} est l'ion calcium (b. et c. faux).

2. a, **b** et **c**.
Le pH d'une solution (pH = – log [H_3O^+]) rend compte de sa teneur en ions oxonium H_3O^+ (a. exact). Le pH d'une solution acide est inférieur à 7 (b. exact) et celui d'une solution basique est supérieur à 7 (c. exact, d. faux).

3. a et **c**.
Une solution hypotonique est une solution extérieure qui entraîne une augmentation du volume cellulaire par entrée d'eau (a. exact, b. faux). Elle pourrait être utilisée pour réhydrater une cellule (c. exact, d. faux).

4. a et **d**.
Une solution hypertonique est une solution extérieure qui entraîne une diminution du volume cellulaire par sortie d'eau (a. exact, b. faux). Cette sortie d'eau est la conséquence de la plus grande quantité d'espèces osmotiquement actives du milieu hypertonique, qui va tendre à l'égalisation des concentrations intra- et extracellulaires (d. exact).

5. a, **b** et **c**.
La quantité d'eau contenue dans l'organisme humain représente environ 65 % du poids du corps chez l'adulte. L'équilibre doit donc être trouvé entre les entrées et les sorties (respiration, sueur, urine). L'ADH ou hormone antidiurétique est sollicitée en cas de perte d'eau insuffisamment compensée (d. faux).

6. c et **d**.
L'azote du corps humain n'est pas uniquement localisé dans les acides aminés (a. faux). Il y en a aussi dans les bases des acides nucléiques contenus dans l'ADN ou l'ARN, ainsi que dans certaines molécules (lipides, coenzymes, etc.). Il est principalement éliminé sous forme d'urée et d'acide urique (b. faux). La maladie de la « goutte » a un lien avec l'hyperuricémie (taux trop élevé d'acide urique qui va précipiter dans les articulations), donc avec le processus d'élimination de l'azote (c. exact). En cas d'hypernatrémie, la concentration de cet ion extracellulaire augmente, ce qui entraîne un mouvement d'eau des cellules vers ce milieu extracellulaire et conduit donc à une déshydratation cellulaire (d. exact).

7. a et **c**.
Les ions les plus importants de l'espace extracellulaire sont l'ion sodium Na^+ (a. exact) et l'ion chlorure Cl^- (c. exact). Ils participent à l'équilibre osmotique. L'ion potassium K^+ est l'ion majeur intracellulaire (b. faux) et l'ion calcium Ca^{2+} est principalement trouvé dans les os et les dents (d. faux).

8. b.
Le magnésium est situé soit dans les os soit dans les cellules, mais n'est pas le cation majeur intracellulaire (a. faux). Le potassium participe à l'équilibre osmotique et joue un rôle important dans la contraction des muscles (b. exact). Le phosphate est majoritairement situé dans les os (c. faux) et le fer (sous forme Fe^{2+}) est majoritairement lié à l'hémoglobine (d. faux).

QROC

1. Solution : mélange homogène d'un solvant (liquide, eau = solvant universel) et d'un soluté (substances dissoutes : molécules et électrolytes).
– Solvant : liquide possédant la propriété de dissoudre certaines substances appelées solutés.
– Soluté : corps dissout dans un liquide ou un solvant.

2. L'eau possède plusieurs rôles :
– rôle de solvant : participe à de nombreuses réactions chimiques (hydrolyse) ;
– rôle de transport : assure le transit de certaines substances dissoutes nécessaires aux cellules, permet l'élimination de déchets métaboliques (urines), assure le maintien de la température (thermorégulation), sert de lubrifiant (liquide synovial au niveau des articulations) ;
– rôle d'amortisseur : permet une protection mécanique contre les traumatismes (liquide céphalorachidien au niveau du parenchyme cérébral).

Macronutriments, micronutriments et enzymes

QCM

1. b.
Le glucose est un aldose (a. faux) soluble dans l'eau (b. exact).
Le sucre que l'on trouve dans l'ADN est le désoxyribose (c. faux). Le glucose est un sucre « rapide » qui possède un fort index glycémique (d. faux).

2. a et **c**.

La glycolyse (cytosolique) concerne la dégradation du glucose en pyruvate (a. exact). Elle produit de l'ATP (c. exact et d. faux) : 2 ATP et 2 NADH. La dégradation du glycogène est la glycogénolyse (b. faux).

3. b.

L'absorption des oses se fait au niveau de la bordure en brosse de l'intestin grêle (b. exact et a. faux). À ce niveau, seuls les oses simples peuvent être absorbés (c. faux). L'amidon ne pourra donc pas être absorbé directement sous cette forme (d. faux). Il devra être hydrolysé par des amylases (salivaires et pancréatiques) pour générer du maltose (diholoside) qui sera lui-même clivé en glucose par une maltase (enzyme) de la bordure en brosse de l'intestin.

4. a et **d**.

Les triglycérides (TG) sont constitués de trois molécules d'acides gras estérifiés (c. faux) avec une molécule de glycérol (a. exact). Ce sont les phospholipides qui sont des constituants des membranes (b. faux).

5. a et **d**.

Le cholestérol est le précurseur des hormones stéroïdiennes (a. exact), mais aussi des acides biliaires. C'est le cholestérol synthétisé de façon endogène qui est en général majoritaire (b. faux) : il peut représenter environ 2/3 du cholestérol total. Une statine bloque la synthèse endogène du cholestérol mais n'a pas d'action sur le cholestérol apporté par l'alimentation (c. faux). De ce fait, en cas d'infarctus du myocarde, un régime pauvre en cholestérol est généralement associé au traitement par statine. L'organisme ne peut pas oxyder le cholestérol, comme il le fait par exemple pour le glucose. Le cholestérol est alors éliminé après avoir été en grande partie transformé en acides biliaires (d. exact), ces molécules permettant la formation d'émulsions qui aident à la digestion des lipides.

6. c.

La vitamine D peut provenir soit de l'alimentation, soit de la transformation par les UV d'un précurseur du cholestérol (le 7-déhydrocholestérol) situé au niveau de la peau (b. faux). Cette vitamine est liposoluble (a. faux). Elle est impliquée dans la régulation phosphocalcique osseuse (c. exact). Elle permet une meilleure absorption intestinale du calcium et du phosphore. La vitamine majeure impliquée dans la vision est la vitamine A (d. faux).

7. c et **d**.

La sérotonine dérive d'un acide aminé, le tryptophane (a. et b. faux, c. exact). La sérotonine est impliquée dans l'humeur (dépression), le sommeil et l'appétit. Les antidépresseurs inhibent la recapture de la sérotonine au niveau des synapses des neurones (d. exact).

8. b et **c**.

L'histamine est obtenue par décarboxylation de l'acide aminé histidine (d. faux).

Ce n'est donc plus un acide aminé (a. faux). Elle est responsable (action sur les récepteurs H1) de la réponse allergique (c. exact), et participe (action sur les récepteurs H2) à la sécrétion acide de l'estomac (b. exact).

QROC

Vitamines liposolubles :
- la vitamine A, qui se transforme en rétinal (impliqué dans la vision) puis en acide rétinoïque (impliqué dans la morphogenèse et la différenciation des tissus) ;
- la vitamine D, impliquée dans la régulation phosphocalcique osseuse ;
- la vitamine E, impliquée dans la protection des membranes biologiques (par élimination de radicaux libres) ;
- la vitamine K, impliquée dans la coagulation sanguine.

Vrai ou faux

Proposition	Réponse
1. La vitamine D est impliquée dans le métabolisme phosphocalcique osseux.	Vrai. La carence en vitamine D chez l'enfant peut conduire au rachitisme (qui se traduit par des déformations variables du squelette).
2. La vitamine E permet d'éliminer des radicaux dangereux pour les membranes.	Vrai. La vitamine E est une molécule « antioxydante et piégeur de radicaux » qui est insérée dans les membranes et protège celles-ci de l'action délétère de radicaux réactifs.
3. La vitamine B9 est impliquée dans la synthèse des bases de l'ADN.	Vrai. La vitamine B9 (folate) est impliquée dans la transformation du dUMP en dTMP. Or, le dTMP, qui sera ensuite transformé en dTTP, est l'une des briques élémentaires utilisées pour fabriquer l'ADN.
4. La carence en vitamine C conduit à la pellagre.	Faux. Une carence en vitamine C conduit au scorbut (la pellagre est due à une carence en vitamine B3 lorsqu'elle est associée à une carence en tryptophane).
5. L'intégrité de l'estomac est indispensable à l'action propre de la vitamine B9.	Faux. L'intégrité de l'estomac est indispensable à l'action de la vitamine B12 (et non de la vitamine B9). En effet, l'estomac sécrète un facteur (dit intrinsèque) de protection de la cobalamine.

Organisation de la cellule eucaryote

QCM

1. a et **c**.

La cellule est l'unité de structure du vivant (a. exact) et est capable de se reproduire (b. faux). Une cellule eucaryote contient un noyau, contrairement à une cellule procaryote (c. exact). Une cellule contient toujours une information génétique sous la forme d'ADN, d'ARN et de protéines (d. faux).

2. a, **c** et **d**.

Une cellule eucaryote peut en effet comporter plusieurs noyaux, comme les cellules musculaires et les hépatocytes par exemple (a. exact). Une cellule contient plusieurs organites, sinon elle ne peut pas fonctionner (b. faux). Les organites sont par définition toujours entourés d'une membrane (c. exact). Sans échanges, les cellules mourraient par défaut de nutriments apportés par le sang et par absence de stimulation extérieure (d. exact).

3. a, **c** et **d**.

Le noyau est le principal organite de la cellule eucaryote (a. exact). Une cellule procaryote ne contient pas de noyau (b. faux). Le noyau contient l'ADN qui est le support de l'information génétique (c. exact). L'enveloppe nucléaire permet la coordination entre le noyau et le cytosol, et régule très finement l'expression des gènes (d. exact).

4. a, **c** et **d**.

La mitochondrie est le siège de la respiration cellulaire (a. exact).
Elle est donc indispensable à la vie cellulaire (d. exact). Elle permet la synthèse d'énergie cellulaire sous forme d'ATP (b. faux), dont les cellules musculaires et nerveuses sont particulièrement gourmandes. C'est pour cela que cet organite, s'il est défectueux, est impliqué dans des pathologies en majorité musculaires et nerveuses (c. exact).

5. a, **b** et **d**.

Les microfilaments d'actine sont constitués d'une protéine globulaire, l'actine (c. faux). Le fait qu'ils se polymérisent et se dépolymérisent aux extrémités et en permanence (a. exact) leur permet de conférer à la cellule des pouvoirs de migration et de modification de sa forme (b. exact). Les microfilaments d'actine, constituants essentiels de la fibre musculaire, sont altérés dans de nombreuses myopathies (d. exact).

6. a, **c** et **d**.

Il y a quatre types de tissus (b. faux). Il manque, dans la liste, le tissu musculaire. Les tissus sont en effet des entités morphologiques et fonctionnelles (d. exact). Ils s'associent pour former les organes (a. exact). Les contractions du tissu musculaire de la paroi des intestins permettent en effet le déplacement de la nourriture de manière involontaire (système nerveux sympathique) (c. exact).

7. a, **b**, **c** et **d**.
Les épithéliums ont un rôle de protection vis-à-vis de l'extérieur (b. exact). L'endothélium des vaisseaux ne contient qu'une seule couche de cellules, mais l'épiderme, par exemple, est composé de plusieurs couches de cellules (a. exact). La peau est constituée d'un épithélium (l'épiderme) mais également d'un tissu conjonctif (le derme), elle est donc constituée en partie par un épithélium, mais pas seulement (c. exact).

8. a, **b**, **c** et **d**.
Le sang est un tissu (a. exact) composé de différentes cellules, dont les globules blancs, les globules rouges et les plaquettes (b. exact), qui circulent dans le plasma (c. exact). Le plasma, composé à 90 % d'eau, contient des ions (sodium, potassium, etc.), des lipides, des protides, des glucides et des hormones (d. exact).

QROC

1. La membrane plasmique est une frontière dynamique constituée d'une bicouche lipidique fluide, et contient des protéines et des sucres. Elle est imperméable à la plupart des composants (perméabilité contrôlée – via des protéines de transport). La membrane plasmique est polarisée. Elle permet les échanges avec l'extérieur de manière contrôlée notamment grâce aux protéines qu'elle contient.

2. L'hématopoïèse est l'ensemble des mécanismes qui assurent la production continue et régulée des cellules matures et fonctionnelles du sang, à partir des cellules souches hématopoïétiques.

Vie et mort des cellules eucaryotes

QCM

1. d.
La mitose n'existe que chez les eucaryotes (a. faux). Les procaryotes se divisent par scissiparité. Sa durée est de l'ordre de 30 min à 1 h (b. faux). L'enveloppe nucléaire disparaît rapidement au début de la mitose (c. faux).

2. a et **b**.
Lorsque la cytodiérèse est absente, on obtient bien une cellule avec plusieurs

noyaux (a. exact). La distribution des organites entre les deux cellules filles n'est pas aussi stricte que celle de l'ADN génomique (c. faux). Il s'agit de la méiose et non de la mitose (d. faux).

3. a.

La méiose conduit à quatre cellules filles ayant un nombre de chromosomes divisé par deux par rapport à la cellule mère (b. faux). Les anomalies de la méiose sont fréquentes (c. faux), mais elles ne sont présentes que dans les gamètes et ne se manifestent qu'au moment de la fécondation. La méiose dure environ 17 jours chez l'homme (spermatogenèse) et 40 ans chez la femme (ovogenèse) (d. faux).

4. a et **c**.

Les étapes du cycle cellulaire ainsi que les mécanismes moléculaires sous-jacents sont très conservés au cours de l'évolution chez les eucaryotes (b. faux). La mitose est une étape (finale) du cycle cellulaire (d. faux).

5. a.

La mort cellulaire est impliquée dans de nombreux phénomènes physiologiques, comme la morphogenèse, la mise en place du système immunitaire, etc. (b. faux). Dans ce cas, elle n'est pas subie mais au contraire déclenchée par la cellule (c. faux). Lors de la mort cellulaire programmée (apoptose, autophagie), la cellule est phagocytée par les cellules de l'environnement et disparaît sans laisser de traces (d. faux).

6. a, **b**, **c** et **d**.

Bien retenir que l'apoptose est impliquée dans de nombreux processus physiologiques.

7. d.

Sous l'effet de stimuli pro-apoptotiques, la mitochondrie relargue dans le milieu intracellulaire le cytochrome C, ce qui active les caspases initiatrices. Il s'agit de la voie intrinsèque de l'apoptose. La voie extrinsèque passe par des récepteurs transmembranaires (récepteurs de mort cellulaire).

8. a et **d**.

La cellule cancéreuse est caractérisée par des altérations de son ADN et des propriétés spécifiques qui la différencient d'une cellule normale. Parmi ces propriétés, retrouvées quel que soit le tissu d'origine du cancer, on observe une division cellulaire augmentée et une résistance à l'apoptose. La cellule cancéreuse possède donc une prolifération et une survie augmentées.

QROC

1. a. Les deux grandes phases du cycle cellulaire sont l'interphase, comprenant les phases G1, S et G2, et la mitose (M). L'interphase (et en particulier la phase G1) est la phase la plus longue.

b. La phase durant laquelle a lieu la réplication de l'ADN est la phase S.

2. Il existe trois formes majeures de mort cellulaire :
– la nécrose, qui intervient lors que la cellule est agressée : mort cellulaire subie, éclatement de la cellule, déversement du contenu cellulaire dans l'environnement, réaction inflammatoire ;
– l'apoptose : mort cellulaire programmée, modifications intracellulaires, constitution de corps apoptotiques, digestion par des cellules voisines et disparition sans laisser de traces sous l'effet de la privation de facteurs de croissance, de lésions de l'ADN, de stress oxydatif, de radiations, de drogues et aussi lors de traitements par cytotoxiques (chimiothérapie) ;
– l'autophagie : mort cellulaire programmée, autodigestion de la cellule, constitution d'autophagosomes, autodigestion et disparition sans laisser de traces, déclenchée en cas de carence nutritionnelle par exemple.

Cellules souches, différenciation cellulaire et médecine régénératrice

QCM

1. a.
Dans l'organisme humain adulte, certains tissus se régénèrent continuellement, comme l'épithélium digestif par exemple, ou en cas de nécessité, comme le tissu hépatique (c. faux). On trouve des cellules souches adultes dans les tissus adultes (d. faux).

2. d.
On trouve des cellules souches indifférenciées dans les tissus adultes (CSA) (a. faux). Toutes les cellules d'un même individu ont le même génome (ADN), à de rares exceptions près (b. faux). C'est l'utilisation de ce génome, c'est-à-dire l'expression des gènes, qui est différente. Les cellules différenciées expriment des gènes spécifiques qui conduisent à leur morphologie et à leur fonction (= gènes tissu-spécifiques) (c. faux).

3. a et **d**.
Les propriétés caractéristiques d'une cellule souche sont sa capacité d'autorenouvellement et sa capacité à donner naissance à des cellules différenciées.

4. a et **b**.
Les cellules souches pluripotentes induites sont issues de cellules adultes différenciées (c. faux). Les progéniteurs sont les cellules filles issues des cellules souches (d. faux).

5. d.
La différenciation tissulaire fait appel à un petit nombre de facteurs (facteurs de transcription et facteurs de signalisation) (a. faux), qui interviennent selon

une combinaison variable et une chronologie précise au cours du développement des tissus. La différenciation des cellules qui permettra de constituer un tissu ayant une morphologie et une fonction propres intervient au cours de l'embryogenèse mais également dans les tissus adultes qui se renouvellent (b. faux). L'étude des facteurs impliqués dans la différenciation des cellules et la formation d'un tissu sont des domaines de recherche actifs en médecine régénératrice afin de reconstituer in vitro, à la demande, un tissu donné à partir de cellules souches. Ceci a déjà été obtenu pour plusieurs tissus dont la peau, le muscle cardiaque, la rétine (c. faux).

6. b et **d**.
Les cellules souches embryonnaires issues de la partie interne du blastocyste sont pluripotentes (a. faux). En France, l'utilisation des CSE est soumise à la loi de bioéthique (c. faux). Les laboratoires qui souhaitent travailler sur ces cellules doivent actuellement obtenir l'accord de l'Agence de biomédecine.

7. a.
Des iPS ont été obtenues à partir de fibroblastes de sujets âgés de 74 à 101 ans (b. faux).
Elles sont obtenues par la combinaison d'un nombre limité de facteurs (quatre facteurs pour les premières expériences) (c. faux). Elles ne sont pas encore utilisées dans la pratique clinique car un certain nombre de questions restent à étudier, notamment leur degré de pluripotence et leur innocuité (d. faux).

8. a et **c**.
La médecine régénératrice ne consiste pas à greffer des organes mais à régénérer un organe déficient à l'aide de cellules souches dont on a induit la différenciation (b. faux). À l'exception des greffes de moelle et de peau, la médecine régénératrice n'est pas encore utilisée en pratique clinique de routine, mais elle fait l'objet de nombreux essais cliniques internationaux (d. faux).

QROC

1. Un risque potentiel de l'utilisation de cellules souches est la transformation tumorale et l'apparition d'un cancer. En effet, leur capacité d'auto-renouvellement leur confère un fort pouvoir de prolifération. En pratique, les cellules souches embryonnaires implantées chez la souris sont capables de donner des tératomes, tumeurs formées de différents tissus.

2.

Type de cellules souches	Origine	Caractéristiques
Cellules souches totipotentes	Embryon avant le stade blastocyste	Peuvent donner tous les tissus de l'organisme et les annexes extraembryonnaires. Peuvent régénérer un organisme entier.
Cellules souches pluripotentes	Embryon, partie interne du blastocyste	Peuvent donner tous les tissus de l'organisme mais pas les annexes extraembryonnaires. Correspondent aux CSE (cellules souches embryonnaires).
Cellules souches multipotentes	Embryon Tissus adultes	Peuvent générer un nombre limité de cellules spécialisées.
Cellules souches unipotentes	Tissus adultes	Donnent un type de cellule spécialisée.
Cellules souches adultes	Tissus adultes	Rares, ont un pouvoir de prolifération limité et sont multipotentes.

Communication intercellulaire et vie des cellules excitables

QCM

1. a, **b** et **c**.

En effet, par exemple, des cellules du pancréas peuvent sécréter une hormone (insuline) qui va agir dans des organes cibles comme les muscles, le tissu adipeux, le foie (a. exact).

La communication intercellulaire est au contraire indispensable au fonctionnement de l'organisme (d. faux). Les cellules, qui sont spécialisées pour effectuer des tâches bien particulières, doivent communiquer entre elles afin que les organes et tissus fonctionnent de manière coordonnée. Beaucoup de pathologies sont dues à un dysfonctionnement de la communication entre les cellules.

2. a.

Dans la transmission endocrine, la cellule productrice et la cellule cible sont éloignées (a. exact). Le médiateur est sécrété dans le sang (b. faux),

et agit donc à distance (exemple : les hormones thyroïdiennes sont synthétisées dans la thyroïde et vont agir au niveau de plusieurs localisations, comme le système nerveux central, le squelette). C'est également le cas des œstrogènes (c. faux), mais pas des facteurs de croissance (d. faux). C'est pour cela que le délai de réponse peut être long.

3. a, **c** et **d**.

Dans les modes de transmission paracrine et autocrine, la sécrétion du signal se fait au voisinage des cellules et non dans le sang (b. faux), et agit sur les cellules elles-mêmes (autocrine) et/ou sur d'autres cellules proches (paracrine) (a. exact). La transmission est donc rapide (d. exact). Les facteurs de croissance agissent en mode autocrine ou paracrine, comme c'est le cas dans les cancers. C'est ce qui permet aux cellules de proliférer et donc à la tumeur de grossir (c. exact).

4. a, **b** et **c**.

De par sa nature, le mode de transmission neuronale doit être extrêmement rapide (b. exact), malgré l'éloignement entre les cellules qui peut être important. En effet, les corps cellulaires des neurones qui communiquent peuvent être très éloignés (a. exact).

Comme beaucoup d'autres molécules naturelles, la dopamine et la sérotonine jouent un double rôle d'hormone et de neuromédiateur (c. exact) : elles peuvent agir au niveau du système nerveux central mais également être sécrétées de manière endocrine pour agir sur des cellules cibles de l'organisme. Donc les cellules cibles ne sont pas forcément des cellules nerveuses (d. faux).

5. b et **d**.

La communication par jonction gap se fait entre les cytoplasmes des deux cellules accolées et non entre leurs deux noyaux (a. faux, b. exact). Seules les petites molécules hydrophiles peuvent traverser les pores dans les membranes plasmiques des deux cellules accolées (c. faux). La transmission ainsi directe du signal entre les cytosols de deux cellules adjacentes permet une extrême rapidité de la réponse biologique, comme par exemple lors d'un accouchement (d. exact).

6. a et **b**.

Les dendrites ont une fonction réceptrice, l'axone a une fonction conductrice. C'est ainsi que l'influx nerveux se propage des dendrites vers l'axone.

7. a, **b** et **c**.

La fibre musculaire est multinucléée, cylindrique et ne se divise pas (a., b. et c. exacts). Elle est entourée par du réticulum sarcoplasmique rempli de calcium, indispensable dans le mécanisme de la contraction musculaire (d. faux).

8. a, **b**, **c** et **d**.

Le potentiel d'action est une inversion du potentiel de membrane découlant d'une modification de la concentration des ions présents à l'intérieur et à l'extérieur de cette membrane.

QROC

1. L'ion calcium Ca^{2+} déclenche la contraction : il déclenche ou inhibe la fixation des têtes de myosine sur l'actine. Il se fixe sur la troponine donc la tropomyosine se déplace, permettant le contact myosine/actine.

2. L'arrivée du potentiel d'action libère les ions calcium Ca^{2+} à l'intérieur du bouton terminal et permet aux vésicules synaptiques de libérer le neurotransmetteur au niveau de la fente synaptique. Des récepteurs spécifiques présents au niveau du neurone postsynaptique fixent les molécules du neurotransmetteur, ce qui entraîne un passage d'ions à travers la membrane postsynaptique.

Génome humain-Synthèse des protéines

QCM

1. a, **b** et **d**.
L'ADN est sous la forme double brin (c. faux).
Il est composé de 46 et non 48 filaments chez l'être humain (e. faux).

2. a.
Les télomères sont indispensables pour le bon déroulement de la mitose et de la méiose (b. et d. faux).
Les télomères ne sont pas des constituants du cytoplasme (c. faux). Ils sont dans le noyau de la cellule.

3. b, **c** et **e**.
Seuls les chromosomes formés à partir de l'ADN nucléaire sont visibles au caryotype. L'ADN mitochondrial n'est pas visible avec cet examen (a. faux). Les organites cellulaires sont en dehors du noyau et ne sont pas organisés par les chromosomes (d. faux).

4. a et **b**.
Le caryotype analyse le nombre de chromosomes
Chaque gène code pour plusieurs fonctions (on estime que l'on a environ 20 000 gènes pour 100 000 fonctions).

5. a, **c** et **d**.
Certaines variations de l'ADN ne modifieront pas la séquence en acides aminés (le code génétique est dit dégénéré) (b. faux). Il s'agit alors de polymorphisme.

6. b et **c**.
Toutes les modifications de l'ADN ne correspondent pas à des mutations. Certaines modifications n'ont pas de conséquences cliniques. On parle alors de polymorphisme (a. et d. faux).

QROC

Les étapes principales de la synthèse des protéines sont :
- transcription du gène contenu dans l'ADN en une fidèle copie, l'ARN ;
- épissage de l'ARN pour donner un ARN mature ;
- sortie de l'ARN du noyau ;
- prise en charge par les ribosomes dans le réticulum endoplasmique pour lecture de l'ARN ;
- traduction en protéines grâce aux ribosomes et aux ADN de transfert.

Bases essentielles de l'hérédité

QCM

1. a, b, d et **e**.
Les chromatides sœurs sont visibles après la réplication de l'ADN. Elles correspondent d'ailleurs aux deux brins néosynthétisés (c. faux).

2. a, b et **d**.
C'est justement la réalisation d'un arbre généalogique qui permet parfois de déterminer le mode d'hérédité de la maladie génétique qui atteint la famille avant même d'avoir un diagnostic étiologique précis (c. faux). C'est souvent avec l'arbre généalogique qu'il est possible d'orienter le conseil génétique.

3. a, b et **c**.
Les hommes sont atteints autant que les femmes (d. faux). C'est dans l'hérédité liée à l'X que les hommes sont plus atteints que les femmes.

4. c et **d**.
En général, seule une génération est atteinte (a. faux). Lorsque plusieurs générations sont atteintes, il faut envisager une hérédité dominante. Les gènes sensibles au dosage génique, lorsqu'ils sont mutés, sont responsables de maladies dominantes (b. faux).

5. a et **b**.
Dans certains cas, une femme avec une mutation liée au chromosome X peut être atteinte (formes dominantes liées à l'X et autres situations plus rares) (d. faux).

6. d.
Certaines maladies génétiques peuvent être d'apparition accidentelle, mutation de novo par exemple (a. faux). Le « saut de génération » n'existe pas (b. faux). Il peut y avoir une expression variable de la maladie, voire très peu de symptômes ou une pénétrance incomplète en cas de maladie multifacto-

rielle par exemple. Le caryotype permet de rechercher les anomalies chromosomiques mais pas des mutations dans des gènes, qui constituent une cause fréquente de maladie génétique (c. faux).

QROC

1. La méiose a pour but de permettre une reproduction sexuée des cellules. Elle a pour fonction de permettre la transmission de l'information génetique sans erreur, de réduire le nombre de filaments d'ADN (passage de 2 × 23 filaments d'ADN *(2n)* à 23 filaments d'ADN *(n)*) et de permettre le brassage génétique par la réalisation de recombinaisons grâce aux chiasmas (*crossing-over*).

2. Dans le mode d'hérédité récessif lié à l'X, la maladie est une maladie génétique mendélienne avec risque de transmission de 50 % de la maladie à la génération suivante uniquement pour les fœtus de sexe masculin et si les femmes sont conductrices. Habituellement, les arbres généalogiques sont caractérisés par une atteinte de toutes les générations mais uniquement des garçons.

UE 2.2

CYCLES DE LA VIE
ET GRANDES FONCTIONS

Rappels des objectifs et contenus

Objectif 1

Développer une vision intégrée du fonctionnement de l'organisme humain permettant d'en déduire les effets de certaines perturbations sur l'équilibre interne

Objectif 2

Décrire les niveaux d'organisation de l'organisme humain et leurs liaisons

UE 2.2 S1 Cycles de la vie et grandes fonctions

Objectif 3

Montrer comment les grandes fonctions de l'organisme répondent aux besoins biologiques de maintien de la vie

Objectif 5

Explorer la signification des transitions que vivent les individus au cours de leur croissance et évolution

Objectif 4 :

Décrire la santé à travers les cycles de la vie et le développement de l'être humain

Éléments de contenu :

- Les concepts : chronobiologie, rythme de vie, croissance, métabolisme, nutriments, thermogenèse, thermolyse.
- L'homéostasie :
  - régulation du PH, température, glycémie, calcémie, hormones thyroïdiennes, vitamine D ;
  - équilibre hydrominéral, liquides, ions, électrolytes, osmolarité, équilibre acide base, PHmétrie.
- La biologie intégrative et l'organisation du vivant à travers les systèmes : endocrinien, immunitaire et nerveux.
- Les niveaux d'organisation du corps humain : chimique, cellulaire, tissulaire, organique et systémique.
- Les grandes fonctions, aspects anatomiques et physiologiques : respiratoire, digestive, cardiaque, élimination, reproduction, motrice, sensorielle.
- L'interaction et l'interdépendance des systèmes.
- Les étapes de la vie, de la naissance à la mort, évolution et la modification de systèmes.
- Les bases moléculaires de l'organisation du génome humain.
- Les bases essentielles et la notion d'hérédité.
- L'information génétique et sa conservation, distinction entre procaryotes et eucaryotes, la transmission de l'information génétique et la synthèse des protéines.

Auto-évaluation

Remplissez les cases vides avec le nom de l'hormone concernée.

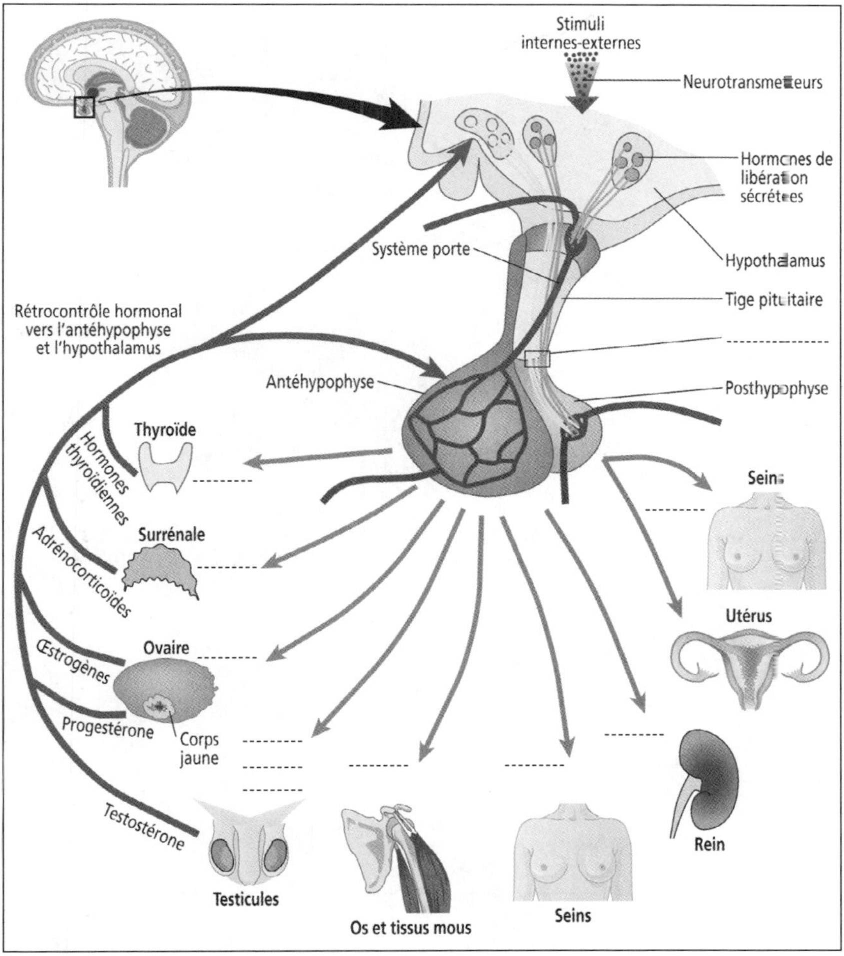

Corrigé

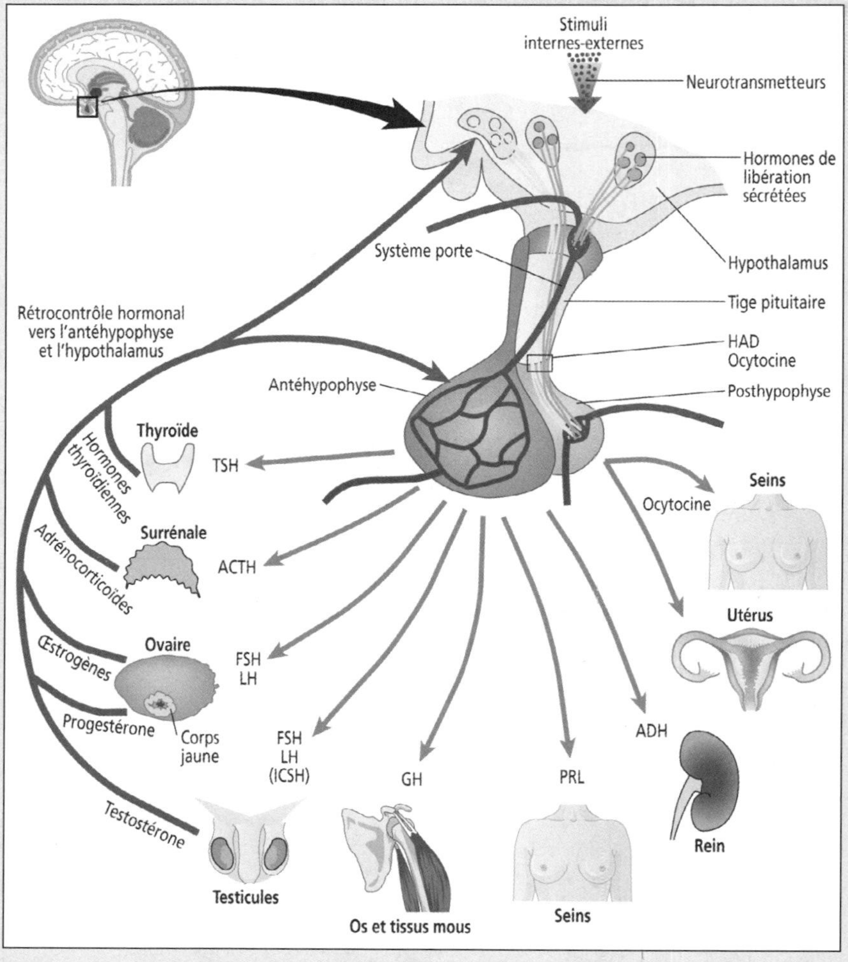
Stimuli
internes-externes
Neurotransmetteurs
Hormones de
libération
sécrétées
Système porte
Hypothalamus
Tige pituitaire
Rétrocontrôle hormonal
vers l'antéhypophyse
et l'hypothalamus
HAD
Ocytocine
Antéhypophyse
Posthypophyse
Thyroïde
Hormones
thyroïdiennes
TSH
Ocytocine
Seins
Surrénale
Adrénocorticoïdes
ACTH
Utérus
Œstrogènes
Ovaire
FSH
LH
Progestérone
Corps
jaune
FSH
LH
(ICSH)
GH
PRL
ADH
Rein
Testostérone
Testicules
Os et tissus mous
Seins

Entraînements

La peau, les os, les muscles

QCM

lienmini.fr/S1-QCM20

Au moins l'une des réponses proposées est exacte.

1. Les couches de l'épiderme sont principalement constituées de :

❍ **a.** mélanocytes.

❍ **b.** kératinocytes.

❍ **c.** monocytes.

❍ **d.** adipocytes.

2. La peau assure les fonctions de :

❍ **a.** protection face au rayonnement solaire.

❍ **b.** stockage de lipides.

❍ **c.** protection immunitaire.

❍ **d.** synthèse de la vitamine K.

3. Les structures tubulaires de base de l'os compact se nomment :

❍ **a.** des ostéocytes.

❍ **b.** des ostéons.

❍ **c.** des ostium.

❍ **d.** des ostéophytes.

4. Dans le squelette axial, on retrouve :

❍ **a.** le crâne.

❍ **b.** les bras.

❍ **c.** la cage thoracique.

❍ **d.** les pieds.

5. La colonne vertébrale :

❍ **a.** est formée de 32 os.

❍ **b.** comprend 12 vertèbres thoraciques.

❍ **c.** comprend 5 vertèbres lombaires.

❍ **d.** comprend 5 vertèbres cervicales.

6. Les protéines présentes dans les unités contractiles du muscle sont :

❍ **a.** l'élastine.

❍ **b.** la connectine.

❍ **c.** l'actine.

❍ **d.** la myosine.

7. Les ions indispensables au fonctionnement musculaire sont :
❍ **a.** les ions calcium.
❍ **b.** les ions potassium.
❍ **c.** les ions chlorure.
❍ **d.** les ions sodium.

Tableau à compléter

1. Attribuez les éléments de la liste ci-après aux structures de la peau présentes dans le tableau ci-dessous (emploi multiple possible) :
Mélanocyte – Adipocytes – Collagène – Vaisseaux sanguins – Glandes sudoripares – Vaisseaux lymphatiques – Terminaisons nerveuses – Kératinocytes

Structure	Éléments
Épiderme	
Derme	
Hypoderme	

L'appareil respiratoire

QCM

lienmini.fr/S1-QCM21

Au moins l'une des réponses proposées est exacte.

1. Appartiennent aux voies aériennes supérieures (VAS) :
❍ **a.** l'œsophage.
❍ **b.** l'oropharynx.
❍ **c.** la trachée.
❍ **d.** les choanes.
❍ **e.** les trompes d'Eustache.

2. La plèvre :
❍ **a.** est une muqueuse.
❍ **b.** est composée de trois feuillets : la plèvre fibreuse, la plèvre pariétale et la plèvre viscérale.

❍ **c.** transmet les mouvements du thorax au parenchyme pulmonaire.
❍ **d.** définit un espace virtuel, l'espace pleural, dans lequel la pression est le plus souvent positive.
❍ **e.** sécrète un liquide spécifique, le liquide pleural, ayant un effet tensio-actif.

3. L'inspiration est possible grâce à :
❍ **a.** l'élasticité du parenchyme pulmonaire.
❍ **b.** l'aplatissement du diaphragme.
❍ **c.** l'abaissement des côtes par les intercostaux internes.
❍ **d.** la contraction des scalènes.
❍ **e.** la contraction des muscles abdominaux.

4. Concernant la régulation de la respiration :
❍ **a.** le centre respiratoire bulbaire génère le rythme respiratoire.
❍ **b.** le centre respiratoire bulbaire régule le volume courant.
❍ **c.** le pH sanguin intervient dans la régulation de la ventilation.
❍ **d.** l'augmentation du gaz carbonique circulant induit une augmentation proportionnelle de la ventilation.
❍ **e.** la baisse de l'oxygène artériel est le stimulus qui induit en premier une augmentation de la ventilation chez le sujet sain.

5. Sont des causes d'hypoxémie :
❍ **a.** une anémie.
❍ **b.** une baisse de la pression atmosphérique.
❍ **c.** une augmentation de l'espace mort.
❍ **d.** un effet shunt.
❍ **e.** un amincissement de la membrane alvéolo-capillaire.

6. Le transport veineux du CO_2 :
❍ **a.** se fait majoritairement sous forme dissoute.
❍ **b.** se fait comme celui de l'O_2, grâce à une fixation spécifique sur l'hémoglobine.
❍ **c.** se fait grâce à la carboxyhémoglobine.
❍ **d.** se fait majoritairement sous forme de bicarbonate.
❍ **e.** entraîne une alcalinisation du sang veineux.

QROC

1. Expliquez les modalités du transport de l'oxygène dans le sang.

2. Quels éléments connaissez-vous ayant un effet sur la broncho-motricité ?

L'appareil cardio-vasculaire

QCM

lienmini.fr/S1-QCM22

Au moins l'une des réponses proposées est exacte.

1. Le cœur gauche :

❍ **a.** est plus musclé que le cœur droit.
❍ **b.** produit un débit sanguin supérieur à celui du cœur droit.
❍ **c.** se contracte plus fort que le cœur droit.
❍ **d.** a un volume d'éjection plus grand que celui du cœur droit.
❍ **e.** se contracte en premier.

2. Concernant la circulation sanguine :

❍ **a.** la circulation systémique sert à l'hématose.
❍ **b.** la pression sanguine est plus élevée dans la grande circulation que dans la petite.
❍ **c.** les artères de la petite circulation transportent du sang désoxygéné.
❍ **d.** le débit sanguin de la circulation pulmonaire est supérieur à celui de la circulation systémique.

3. Le muscle cardiaque :

❍ **a.** est appelé endocarde.
❍ **b.** est plus fin au niveau de l'oreillette gauche que du ventricule droit.
❍ **c.** est un muscle lisse.
❍ **d.** est commandé par le système nerveux autonome.

4. Concernant les cavités cardiaques :

❍ **a.** le ventricule droit a une forme de cône.
❍ **b.** l'oreillette droite et le ventricule droit sont séparés par la valve mitrale.
❍ **c.** les valves sigmoïdes, composées de trois cusps, séparent les oreillettes des ventricules.
❍ **d.** des cordages amarrent les valves aortiques et pulmonaires au muscle cardiaque, ce qui assure leur ouverture lors de la systole.
❍ **e.** le second bruit cardiaque (B2, « Ta ») est produit par la fermeture des valves sigmoïdes.

5. Hémodynamique cardiaque

❍ **a.** La diastole est le temps de remplissage de la cavité concernée.
❍ **b.** Il existe une systole et une diastole pour les oreillettes, et une systole et une diastole pour les ventricules.
❍ **c.** La systole auriculaire produit le VES (volume d'éjection systolique).
❍ **d.** La systole auriculaire contribue à 80 % du remplissage ventriculaire.
❍ **e.** Il existe un moment où les oreillettes et les ventricules sont en systole en même temps.

6. Sont des facteurs inotropes positifs :
❍ **a.** l'angiotensine.
❍ **b.** le calcium.
❍ **c.** le potassium.
❍ **d.** les digitaliques.
❍ **e.** l'acidose.

7. Sont des particularités de la circulation cérébrale :
❍ **a.** la pression artérielle motrice est la pression artérielle systolique.
❍ **b.** la régulation vasomotrice est indépendante de celle de la circulation systémique.
❍ **c.** il existe une anastomose des artères à destination cérébrale.
❍ **d.** la barrière hémato-encéphalique empêche toutes les substances étrangères de pénétrer dans le système nerveux central.

8. Concernant la volémie :
❍ **a.** elle est d'environ 6 litres pour un homme adulte.
❍ **b.** elle est répartie pour moitié dans la circulation pulmonaire et pour moitié dans la circulation systémique.
❍ **c.** elle est principalement localisée dans le secteur capillaire.
❍ **d.** son augmentation majore l'inotropisme cardiaque.
❍ **e.** son augmentation agit sur la pression artérielle en distendant les artères.

QROC

1. Décrivez et expliquez la réaction d'adaptation cardiovasculaire mise en œuvre lors du passage d'une position allongée (décubitus) à une position verticale.

2. Renseignez le tableau ci-dessous avec les éléments pouvant modifier l'inotropisme.

Effet inotrope positif	Effet inotrope négatif

L'appareil neurologique

QCM lienmini.fr/S1-QCM23

Au moins l'une des réponses proposées est exacte.

1. Le neurone :
❍ **a.** est une cellule très spécialisée.
❍ **b.** possède deux axones, de part et d'autre du corps cellulaire.
❍ **c.** reçoit des informations d'une centaine d'autres neurones.
❍ **d.** est relié aux autres neurones par les cellules gliales.
❍ **e.** transmet des informations grâce aux dendrites.

2. Sont des éléments d'un neurone :
❍ **a.** les dendrites.
❍ **b.** l'axone.
❍ **c.** la synapse.
❍ **d.** la plaque motrice.
❍ **e.** les cils vibratiles.

3. Le potentiel d'action :
❍ **a.** survient progressivement après une stimulation du neurone.
❍ **b.** ne survient qu'après franchissement du seuil de dépolarisation.
❍ **c.** est dû à une modification de configuration de protéines membranaires.
❍ **d.** est dû au passage simultané de l'autre côté de la membrane cellulaire d'ions Na^+ et K^+.
❍ **e.** rend le neurone inexcitable.

4. Concernant les méninges et les espaces méningés :
❍ **a.** l'arachnoïde est la méninge la plus interne.
❍ **b.** l'espace sous-dural contient le LCR.
❍ **c.** l'espace extradural est en contact avec les os du crâne.
❍ **d.** l'arachnoïde participe à la résorption du LCR.
❍ **e.** la pie-mère sécrète le LCR.

5. Le liquide céphalorachidien (LCR) :
❍ **a.** est jaune clair.
❍ **b.** contient des polynucléaires qui assurent la défense du cerveau.
❍ **c.** est sécrété par les plexus choroïdes.
❍ **d.** participe à la barrière hémato-encéphalique.
❍ **e.** est d'environ 80 à 150 mL et est renouvelé 3 à 4 fois par jour.

6. Le tronc cérébral (TC) est impliqué dans :
❍ **a.** la régulation de la respiration.

❍ **b.** la vigilance.
❍ **c.** l'équilibre.
❍ **d.** la régulation de la température.
❍ **e.** l'équilibre hydrique.

7. La vascularisation cérébrale :
❍ **a.** est assurée par le trigone de Willis.
❍ **b.** assure un débit sanguin cérébral (DSC) qui représente environ 20 % du débit cardiaque.
❍ **c.** dépend de la pression artérielle systolique (PAS).
❍ **d.** dépend de la pression intracrânienne (PIC).
❍ **e.** est relativement indépendante de la régulation vasculaire systémique grâce à une autorégulation.

8. Le système nerveux sympathique :
❍ **a.** a l'acétylcholine comme neurotransmetteur.
❍ **b.** prépare au combat et à la réponse à l'agression.
❍ **c.** dilate les bronches et relâche l'utérus.
❍ **d.** entraîne un myosis.
❍ **e.** stimule les sécrétions digestives.

QROC

1. Expliquez le circuit neurologique du réflexe ostéo-tendineux (ROT).

2. Quels sont les rôles respectifs des systèmes nerveux sympathique et parasympathique ?

Le système digestif

QCM

lienmini.fr/S1-QCM24

Au moins l'une des réponses proposées est exacte.

1. Parmi les affirmations suivantes, lesquelles sont fausses ?
❍ **a.** L'œsophage est situé en avant de la trachée.
❍ **b.** La luette est située au niveau de l'oropharynx.
❍ **c.** L'épiglotte ferme le pharynx.
❍ **d.** Le larynx est situé en avant de l'œsophage.

2. L'estomac :
❍ **a.** est situé au-dessus du diaphragme.
❍ **b.** comporte deux couches musculaires.

❍ **c.** sécrète de l'acide chlorhydrique.

❍ **d.** sécrète du pepsinogène.

3. La vésicule biliaire :

❍ **a.** produit la bile.

❍ **b.** stocke la bile.

❍ **c.** relâche la bile au moment des repas.

❍ **d.** synthétise la bile à partir du cholestérol.

4. Le foie :

❍ **a.** synthétise l'insuline.

❍ **b.** synthétise la bile.

❍ **c.** stocke le glycogène.

❍ **d.** est situé au niveau de l'hypochondre droit.

5. Le pancréas :

❍ **a.** est situé au niveau du flanc gauche.

❍ **b.** a une fonction exclusivement exocrine.

❍ **c.** a une fonction endocrine.

❍ **d.** sécrète un suc au $pH < 7$.

6. Concernant la digestion :

❍ **a.** la paroi intestinale sécrète des enzymes digestives.

❍ **b.** dans l'intestin grêle, l'absorption des nutriments est facilitée par la présence de villosités.

❍ **c.** les lipides sont transportés par les canaux lymphatiques.

❍ **d.** l'intestin grêle est le siège de la réabsorption finale de l'eau du chyme.

7. Le péristaltisme :

❍ **a.** permet la marche en avant des aliments.

❍ **b.** commence au niveau de l'intestin grêle.

❍ **c.** est déclenché par la distension de la paroi digestive par le bol alimentaire.

❍ **d.** est accéléré par le système nerveux sympathique.

8. Le péristaltisme peut être altéré par :

❍ **a.** une intervention chirurgicale au niveau abdominal.

❍ **b.** un traitement par corticoïdes.

❍ **c.** une hyperhydratation.

❍ **d.** une gastrite.

QROC

Définissez le péristaltisme et ses caractéristiques neurologiques.

QCM

lienmini.fr/S1-QCM25

Au moins l'une des réponses proposées est exacte.

1. Le rein assure une fonction :

❍ **a.** d'épuration.

❍ **b.** endocrine.

❍ **c.** de régulation.

❍ **d.** de digestion.

2. L'appareil urinaire est constitué :

❍ **a.** des reins.

❍ **b.** des glandes surrénales.

❍ **c.** des artères rénales.

❍ **d.** de la vessie.

3. Concernant la structure du rein :

❍ **a.** le hile est la portion du rein dans laquelle se trouvent les néphrons.

❍ **b.** les tubules collecteurs se situent au niveau de la médulla rénale.

❍ **c.** le calice collecte l'urine produite dans les bassinets.

❍ **d.** la capsule rénale joue un rôle de protection du rein.

4. Les substances éliminées uniquement dans un cadre pathologique sont :

❍ **a.** l'urée.

❍ **b.** le glucose.

❍ **c.** l'acide urique.

❍ **d.** la créatinine.

5. Concernant la régulation hydrique :

❍ **a.** la réabsorption de l'eau se réalise majoritairement dans le tube contourné distal.

❍ **b.** l'hormone ADH joue un rôle dans la réabsorption hydrique.

❍ **c.** l'hormone aldostérone joue un rôle dans la réabsorption hydrique.

❍ **d.** la réabsorption du sodium entraîne une réabsorption de l'eau.

6. La rénine :

❍ **a.** provoque directement une augmentation de la pression artérielle.

❍ **b.** stimule la production d'ADH.

❍ **c.** provoque la synthèse d'angiotensine I.

❍ **d.** réagit avec l'enzyme de conversion.

7. Parmi les affirmations suivantes, lesquelles sont vraies ?

❍ **a.** Lors d'une pollakiurie, la fréquence des mictions augmente.

❍ **b.** Lors d'une polyurie, la diurèse des 24 heures reste normale.
❍ **c.** L'anurie consiste en une absence d'urine dans la vessie.
❍ **d.** L'oligurie consiste en une absence d'urine dans la vessie.

Schéma à compléter

Complétez le schéma de l'appareil urinaire par les légendes manquantes.

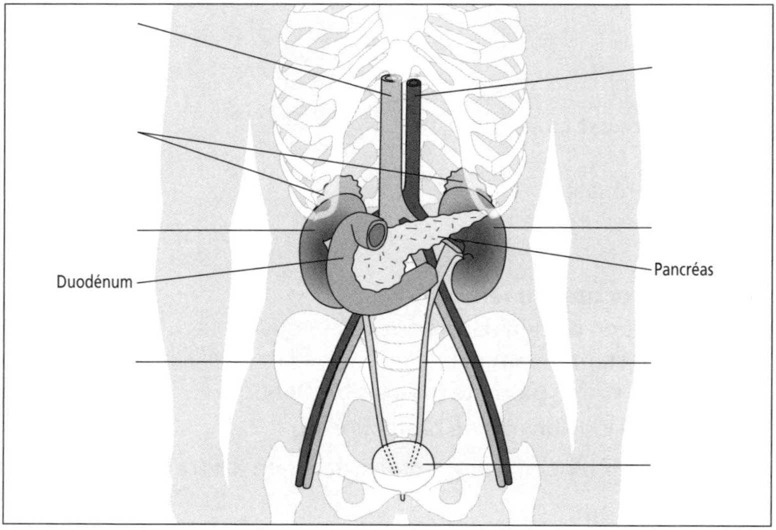

QROC

Expliquez le rôle de l'ADH et de l'aldostérone au niveau rénal.

Le système endocrinien

QCM

lienmini.fr/S1-QCM26

Au moins l'une des réponses proposées est exacte.

1. Une hormone :

❍ **a.** est une substance directement sécrétée dans le sang.
❍ **b.** est sécrétée par une glande exocrine.
❍ **c.** déclenche une réponse physiologique.
❍ **d.** est inhibée par contrôle nerveux volontaire.

2. L'hypophyse sécrète :
❍ **a.** la thyroxine.
❍ **b.** la corticotropine.
❍ **c.** la lutéine.
❍ **d.** la mélatonine.

3. Les hormones thyroïdiennes :
❍ **a.** favorisent l'ostéosynthèse.
❍ **b.** font baisser la glycémie.
❍ **c.** permettent la libération de calcium osseux.
❍ **d.** augmentent la filtration glomérulaire.

4. Un défaut d'hormones thyroïdiennes provoque :
❍ **a.** une tachycardie.
❍ **b.** une asthénie.
❍ **c.** une constipation.
❍ **d.** une prise de poids.

5. Un excès d'hormones thyroïdiennes provoque :
❍ **a.** des insomnies.
❍ **b.** un amaigrissement.
❍ **c.** une frilosité.
❍ **d.** une bradycardie.

6. L'adrénaline :
❍ **a.** provoque une hypotension.
❍ **b.** provoque une tachycardie.
❍ **c.** provoque une constriction bronchique.
❍ **d.** est hyperglycémiante.

7. Le pancréas sécrète :
❍ **a.** le cortisol.
❍ **b.** le glucagon.
❍ **c.** l'œstradiol.
❍ **d.** l'insuline.

8. Le rein sécrète :
❍ **a.** la thymopoïétine.
❍ **b.** l'aldostérone.
❍ **c.** la rénine.
❍ **d.** l'érythropoïétine.

QROC

Le pancréas sécrète deux hormones, actives sur la glycémie, au niveau de deux structures cellulaires différentes. Nommez ces deux structures et les hormones correspondantes, en précisant le rôle de chaque hormone sur la glycémie.

Le système immunitaire

QCM

lienmini.fr/S1-QCM27

Au moins l'une des réponses proposées est exacte.

1. Les macrophages :
❍ **a.** produisent des anticorps spécifiques.
❍ **b.** phagocytent les cellules étrangères.
❍ **c.** présentent des fragments d'antigènes aux défenses spécifiques.
❍ **d.** synthétisent le système du complément.

2. Le rôle du mécanisme inflammatoire est :
❍ **a.** de détruire les éléments pathogènes.
❍ **b.** d'augmenter la densité de leucocytes.
❍ **c.** d'augmenter l'apport de nutriments.
❍ **d.** de diminuer le métabolisme.

3. La réponse immunitaire spécifique est liée :
❍ **a.** aux lymphocytes B.
❍ **b.** aux lymphocytes NK.
❍ **c.** aux macrophages.
❍ **d.** aux lymphocytes T.

4. On parle de réponse immunitaire secondaire face à :
❍ **a.** la première injection d'un vaccin.
❍ **b.** la deuxième rencontre avec un agent pathogène.
❍ **c.** un rappel vaccinal.
❍ **d.** une primo-infection.

5. La mise en mémoire des informations liées à un antigène est réalisée par :
❍ **a.** certains lymphocytes T.
❍ **b.** certains lymphocytes NK.
❍ **c.** certains macrophages.
❍ **d.** certains lymphocytes B.

6. Les lymphocytes B sont activés par :
❍ **a.** les macrophages.
❍ **b.** les lymphocytes T.
❍ **c.** les lymphocytes NK.
❍ **d.** les plasmocytes.

7. Les anticorps produits par le système immunitaire spécifique :
❍ **a.** activent la libération d'interférons.
❍ **b.** marquent les antigènes comme des cibles.
❍ **c.** détruisent les antigènes.
❍ **d.** activent le système du complément.

QROC

Décrivez le rôle des macrophages.

Les fonctions sensorielles

QCM

lienmini.fr/S1-QCM28

Au moins l'une des réponses proposées est exacte.

1. Anatomie de l'œil
❍ **a.** L'humeur vitrée est le liquide situé entre la cornée et le cristallin.
❍ **b.** L'humeur aqueuse est produite par les corps ciliaires.
❍ **c.** La chambre antérieure est située entre le cristallin et l'iris.
❍ **d.** L'humeur aqueuse s'évacue dans l'angle irido-cornéen antérieur.

2. La rétine
❍ **a.** La rétine est un tissu riche en cellules nerveuses.
❍ **b.** Le disque optique est la région la plus riche en récepteurs photosensibles.
❍ **c.** Les cônes favorisent la vision des couleurs.
❍ **d.** Les bâtonnets favorisent la vision diurne.

3. Les voies nerveuses de la vision
❍ **a.** Les aires visuelles du cortex cérébral sont situées dans les lobes frontaux.
❍ **b.** Le chiasma optique est la zone où l'ensemble des voies optiques se croisent.
❍ **c.** L'information visuelle captée par la partie externe de la rétine est reçue par l'aire visuelle située du même côté.
❍ **d.** L'information visuelle captée par la partie interne de la rétine est reçue par l'aire visuelle située du même côté.

4. Anatomie de l'oreille
❍ **a.** Le conduit auditif externe fait partie de l'oreille moyenne.
❍ **b.** Le cérumen sert à la lubrification du conduit auditif externe.

❍ **c.** La trompe d'Eustache permet de maintenir un équilibre de pression de part et d'autre du tympan.
❍ **d.** La membrane tympanique est en contact avec l'osselet appelé incus.

5. Anatomie de l'oreille
❍ **a.** Le labyrinthe osseux rassemble les récepteurs de l'équilibre et de l'audition.
❍ **b.** L'osselet en contact avec le labyrinthe osseux s'appelle le stapès.
❍ **c.** Les canaux semi-circulaires contiennent les récepteurs de l'audition.
❍ **d.** Les cellules ciliées responsables du sens de l'équilibre s'appellent les otolithes.

6. L'audition
❍ **a.** La perception physiologique des fréquences reste stable avec l'âge.
❍ **b.** La surdité peut être causée par l'exposition prolongée à des bruits d'intensité supérieure à 85 dB.
❍ **c.** Un bouchon de cérumen peut causer une hyperacousie.
❍ **d.** Une infection de l'oreille interne se nomme une otite.

7. L'équilibre
❍ **a.** L'organe de Corti est le siège des récepteurs de l'équilibre.
❍ **b.** Les otolithes sont impliqués dans le mécanisme de l'équilibre statique.
❍ **c.** Les crêtes ampullaires sont impliquées dans le mécanisme de l'équilibre dynamique.
❍ **d.** Le centre nerveux récepteur des informations sur l'équilibre est le tronc cérébral.

QROC

Citez les parties de l'œil traversées par la lumière, successivement de l'avant vers l'arrière.

Le système reproducteur

QCM

lienmini.fr/S1-QCM29

Au moins l'une des réponses proposées est exacte.

1. L'appareil génital interne féminin comprend :
❍ **a.** le vestibule.
❍ **b.** l'utérus.

❍ **c.** les glandes de Bartholin.
❍ **d.** les ovaires.

2. L'appareil reproducteur féminin secondaire comprend :
❍ **a.** les glandes mammaires.
❍ **b.** le clitoris.
❍ **c.** les grandes lèvres.
❍ **d.** le périnée.

3. Lors du cycle ovarien :
❍ **a.** le développement des follicules est provoqué par la TSH hypophysaire.
❍ **b.** le follicule produit des œstrogènes.
❍ **c.** l'ovulation est déclenchée après un pic de sécrétion de LH hypophysaire.
❍ **d.** le corps jaune sécrète de la testostérone.

4. Anatomie de l'appareil génital masculin
❍ **a.** Les testicules sont contenus dans un sac appelé scotome.
❍ **b.** Le canal déférent s'abouche au méat urinaire.
❍ **c.** Les canaux éjaculateurs s'abouchent à l'urètre.
❍ **d.** Le pénis est constitué de tissus spongieux.

5. Les spermatozoïdes sont élaborés au niveau :
❍ **a.** des canaux déférents.
❍ **b.** des tubes séminifères.
❍ **c.** du cordon spermatique.
❍ **d.** des canaux éjaculateurs.

6. La fécondation
❍ **a.** L'ovule est fécondable pendant une durée supérieure à celle du spermatozoïde.
❍ **b.** Les spermatozoïdes sont fécondables pendant 24 à 72 heures.
❍ **c.** Le cheminement des spermatozoïdes dans l'appareil génital féminin permet la dégradation de l'acrosome.
❍ **d.** La capacitation permet au spermatozoïde de pénétrer l'ovule.

7. La grossesse provoque chez la mère :
❍ **a.** une prise de poids.
❍ **b.** une augmentation du nombre de plaquettes.
❍ **c.** une diminution de la vitesse de sédimentation.
❍ **d.** une augmentation de la fréquence cardiaque.

Schéma à compléter

Complétez les légendes du schéma suivant.

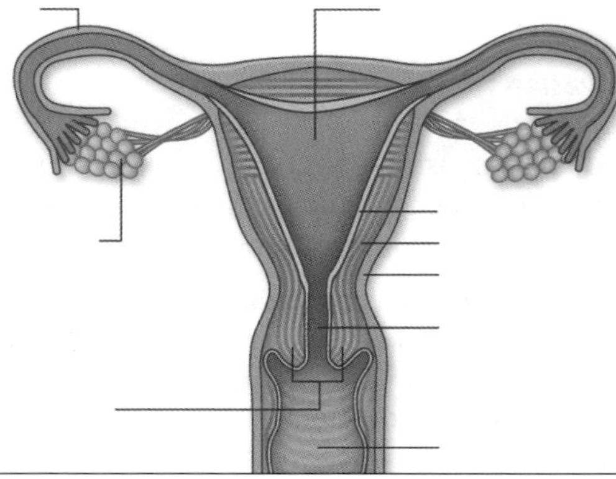

Les âges de la vie

QCM

lienmini.fr/S1-QCM30

Au moins l'une des réponses proposées est exacte.

1. Les hormones directement impliquées dans la croissance de l'enfant sont :

❍ **a.** la TSH.

❍ **b.** la TRH.

❍ **c.** la GH.

❍ **d.** l'IGF.

2. L'évolution staturo-pondérale :

❍ **a.** est visible à travers la croissance des os plats.

❍ **b.** est la plus rapide durant la période de la puberté.

❍ **c.** s'arrête après l'ossification des cartilages de croissance.

❍ **d.** est plus rapide chez les filles que chez les garçons.

3. Durant les dix premières années de vie, la croissance la plus importante a lieu entre :
❍ **a.** 0 et 1 an.
❍ **b.** 2 et 3 ans.
❍ **c.** 5 et 6 ans.
❍ **d.** 9 et 10 ans.

4. Parmi les hypothèses causales du vieillissement, on trouve :
❍ **a.** la programmation génétique de la mort cellulaire.
❍ **b.** l'augmentation du nombre d'erreurs lors de la division cellulaire.
❍ **c.** le stress oxydatif.
❍ **d.** l'involution du système hormonal.

5. Lors du vieillissement, sur le plan métabolique, on assiste à :
❍ **a.** une augmentation de la masse maigre.
❍ **b.** une augmentation de la masse grasse.
❍ **c.** une baisse de la tolérance au glucose.
❍ **d.** une hausse de la sécrétion d'insuline.

6. Lors du vieillissement, sur le plan neurologique, on assiste à :
❍ **a.** une baisse du temps de réaction.
❍ **b.** une diminution de la performance mnésique.
❍ **c.** un allongement du temps de sommeil.
❍ **d.** une augmentation de la sensation de soif.

7. Lors du vieillissement, on peut observer :
❍ **a.** une diminution de la masse osseuse chez la femme.
❍ **b.** l'apparition d'une presbytie.
❍ **c.** une hausse rapide du taux d'anticorps lors d'une vaccination.
❍ **d.** le ralentissement du péristaltisme.

QROC

Donnez la définition du vieillissement.

Corrigés

La peau, les os, les muscles

QCM

1. b.
Les mélanocytes, certes présents dans l'épiderme, sont minoritaires (a. faux). Les monocytes sont des cellules immunitaires non spécifiques que l'on peut trouver dans le derme (c. faux). Les adipocytes sont localisés dans le derme et l'hypoderme (d. faux).

2. a, b et **c.**
La synthèse de la vitamine K est réalisée au niveau du tube digestif (d. faux).

3. b.
Les ostéocytes sont les cellules présentes au sein des ostéons (a. faux).
Les ostéophytes sont des excroissances osseuses (d. faux) et un ostium est un orifice permettant la communication physiologique entre deux cavités (c. faux).

4. a et **c.**
Les bras et les pieds font partie du squelette appendiculaire (b. et d. faux).

5. b et **c.**
La colonne vertébrale est formée de 26 os (a. faux). Les vertèbres cervicales sont au nombre de 7 et non 5 (d. faux).

6. b, c et **d.**
L'élastine entre dans la composition du derme et lui confère son élasticité (a. faux).

7. a, b et **d.**
Les ions chlorure jouent, entre autres, un rôle dans la pression osmotique et l'équilibre acide/base, mais pas un rôle direct dans la contraction musculaire (c. faux).

QROC

Structure	Éléments
Épiderme	Mélanocyte Kératinocytes

Derme	Vaisseaux sanguins Glandes sudoripares Terminaisons nerveuses Adipocytes Collagène Vaisseaux lymphatiques
Hypoderme	Vaisseaux sanguins Collagène Adipocytes Vaisseaux lymphatiques

L'appareil respiratoire

QCM

1. b, **c** et **d**.
L'œsophage appartient au tube digestif (a. faux) et les trompes d'Eustache, bien qu'issues du pharynx, appartiennent au système auditif (e. faux).

2. c.
La plèvre est une séreuse (a. faux).
Elle est composée de deux feuillets (b. faux), la plèvre pariétale et la plèvre viscérale, qui définissent l'espace pleural. La pression y est le plus souvent négative (d. faux) et le liquide pleural qu'il sécrète assure la lubrification (e. faux) entre les deux feuillets qui transmettent les mouvements du thorax aux poumons (c. exact).

3. b et **d**.
C'est l'écartement du thorax par l'aplatissement du diaphragme (b. exact) et l'élévation des côtes par les intercostaux internes (c. faux), et parfois par les scalènes (d. exact), qui permettent l'inspiration. L'élasticité pulmonaire permet l'expiration (a. faux), qui peut être forcée grâce à l'abaissement des côtes par les intercostaux externes et la contraction des muscles abdominaux (e. faux).

4. a, **b**, **c** et **d**.
Chez le sujet sain, c'est la variation du gaz carbonique circulant (d. exact), et donc du pH sanguin (c. exact), qui est le premier stimulus de la respiration (e. faux). L'oxygène circulant n'intervient que secondairement, contrairement à ce qui se passe chez l'insuffisant respiratoire chronique, où seul le taux d'oxygène intervient. Des chémorécepteurs informent le centre respiratoire bulbaire qui adapte le rythme respiratoire qu'il génère (a. exact) et le volume courant (b. exact).

5. b, **c** et **d**.
L'anémie est une cause d'hypoxie, pas d'hypoxémie (a. faux). C'est l'épaissis-

sement et non l'amincissement de la membrane alvéolo-capillaire qui est une cause d'hypoxémie (e. faux).

6. d.

Le transport veineux du CO_2 sous forme dissoute représente environ 7 à 10 % (a. faux), la forme fixée de manière non spécifique (b. faux) à l'hémoglobine (carbhémoglobine), 20 à 30 %. C'est donc le transport sous forme de bicarbonate qui domine (d. exact). Le CO_2 entraîne une acidification du sang (e. faux). La carboxyhémoglobine est la forme liée au monoxyde de carbone (c. faux).

QROC

1. Après avoir franchi la membrane alvéolo-capillaire, l'oxygène se dissout dans le plasma, au prorata de sa fraction dans le mélange gazeux alvéolaire et de la pression atmosphérique ambiante.
Cet oxygène dissout ne représente qu'une petite part de l'oxygène transporté par le sang (environ 3 %), mais il permet la fixation d'oxygène à des sites spécifiques situés sur l'hémoglobine. Cette molécule de transport spécifique permet d'augmenter fortement la quantité d'oxygène transporté par volume de sang. Le sang transporte 97 % de l'oxygène sous cette forme.

2. • Effet bronchoconstricteur : système nerveux parasympathique ; acétylcholine ; système nerveux sympathique, via agonistes α-adrénergiques ; médicaments bêtabloquants ; histamine ; leucotriènes ; certaines prostaglandines ; anti-inflammatoires non stéroïdiens.
• Effet bronchodilatateur : système nerveux sympathique, via catécholamines β2-adrénergiques ; adrénaline ; salbutamol ; anticholinergiques (atropine et dérivés comme bromure d'ipratropium).

L'appareil cardio-vasculaire

QCM

1. a et **c.**

Les deux ventricules produisent simultanément le même volume d'éjection à la même fréquence, et donc le même débit (d. faux), mais le ventricule gauche crée une pression plus élevée grâce à sa masse musculaire plus importante.

2. b et **c.**

L'hématose, passage de l'oxygène alvéolaire dans le sang, se fait dans la circulation pulmonaire.

L'artère pulmonaire est un vaisseau à haute pression, qui quitte le cœur pour amener le sang désoxygéné au poumon.

3. b.
Le myocarde (a. faux), plus épais au niveau ventriculaire qu'auriculaire, est un muscle strié (c. faux) particulier dont l'automatisme est indépendant du système nerveux (d. faux).

4. e.
Le ventricule droit (VD) est collé au ventricule gauche et l'entoure sur un côté. C'est le ventricule gauche qui a une forme de cône (a. faux). L'OD est séparée du VD par la valve tricuspide (et non par les valves sigmoïdes, c. faux) qui, comme la valve mitrale à gauche (b. faux), est amarrée par des cordages, contrairement aux valvules sigmoïdes (d. faux) qui séparent les ventricules des artères qui émergent du cœur.

5. a et **b**.
Le VES est produit par les ventricules (c. faux). En situation de repos chez le sujet sain, la systole auriculaire contribue à moins de 20 % du remplissage ventriculaire (d. faux). Les systoles auriculaires puis ventriculaires se suivent, mais ces cavités peuvent être en diastole en même temps (e. faux).

6. a, **b** et **d**.
L'hyperkaliémie et l'acidose sont inotropes négatifs.

7. b et **c**.
La pression artérielle motrice pour l'ensemble des organes est la pression artérielle moyenne (a. faux), sauf pour le cœur où c'est la diastolique. L'anastomose située à la base du crâne est le polygone de Willis. La barrière hémato-encéphalique trie les substances autorisées à pénétrer dans l'encéphale. Mais, certaines substances étrangères peuvent pénétrer, comme les psychotropes (d. faux).

8. a et **d**.
La volémie, d'environ 6 litres, est principalement (60 %) localisée dans le secteur veineux systémique (b. et c. faux). Son augmentation accroît l'inotropisme cardiaque du fait de la loi de Starling (d. exact), donc le VES et ainsi le débit cardiaque, et pas par action du volume dans le secteur vasculaire artériel (e. faux).

QROC

1. Le passage d'une position allongée (décubitus) à une position verticale augmente le volume sanguin veineux dans les membres inférieurs. La conséquence est une baisse du retour sanguin qui va diminuer le débit cardiaque, par diminution du volume télédiastolique et donc du volume d'éjection systolique.
– La baisse du débit cardiaque va entraîner une baisse de la pression artérielle,

détectée par des barorécepteurs vasculaires aortiques et carotidiens, et activer le système nerveux sympathique.
– La stimulation sympathique va agir au niveau cardiaque en augmentant l'inotropisme et la fréquence, c'est-à-dire le débit, et au niveau vasculaire artériel (en augmentant les résistances) et veineux, ce qui va augmenter le retour veineux et donc le débit cardiaque.
– Toutes ces actions vont rétablir l'équilibre tensionnel en position debout s'ils ne sont pas excessivement bloqués par des médicaments qui empêcheraient cette adaptation et créeraient une hypotension orthostatique.
– Durant cette adaptation, le débit sanguin cérébral est protégé par l'autorégulation de la pression de perfusion cérébrale, qui protège d'un malaise qui pourrait être induit par la baisse de tension.
– En cas d'hypotension orthostatique, il peut y avoir un malaise si le système de régulation cérébral est dépassé.

2.

Effet inotrope positif	Effet inotrope négatif
– Catécholamines circulantes – Angiotensine – Calcium ionisé – Agonistes bêta-adrénergiques – Inhibiteurs des phosphodiestérases – Digitaliques – Certains anti-arythmiques – Anesthésiques locaux – Inhibiteurs calciques	– Hyperkaliémie – Acidose – Hypoxie – Ischémie myocardique localisée – Acétylcholine – Bêtabloquants

L'appareil neurologique

QCM

1. a.
Le neurone est une cellule très spécialisée (a. exact) qui possède un seul axone (b. faux). Il reçoit des informations d'environ 100 000 autres neurones (c. faux) grâce aux dendrites (e. faux), étant relié aux autres neurones par des synapses (d. faux) et environné de cellules gliales.

2. a et **b**.
Le neurone est composé d'un corps cellulaire, de dendrites (a. exact) et d'un axone (b. exact). Synapse et plaque motrice sont des espaces qui séparent les

neurones respectivement d'un autre neurone et d'une cellule musculaire (c. et d. faux). Il n'y a pas de cils vibratiles sur les neurones (e. faux).

3. b, **c** et **e**.
Le potentiel d'action survient brutalement après une stimulation du neurone (a. faux) après franchissement du seuil de dépolarisation (b. exact) suite à une modification de configuration des protéines membranaires (c. exact) qui entraîne successivement (d. faux) l'entrée du sodium puis la sortie du potassium, ce qui va rendre temporairement le neurone inexcitable avant rétablissement du potentiel transmembranaire (e. exact).

4. c, **d** et **e**.
De l'intérieur vers l'extérieur, on trouve la dure-mère puis l'arachnoïde (a. faux). Ces deux méninges sont séparées par un espace virtuel, l'espace sous-dural (b. faux). L'espace extradural sépare la dure-mère des os du crâne (c. exact). Le LCR est sécrété par les plexus choroïdes issus de la pie-mère (e. exact). Il est résorbé par les granulations arachnoïdiennes de Pacchioni et éliminé par les villosités arachnoïdiennes (d. exact).

5. c, **d** et **e**.
Le LCR est semblable à de l'eau claire, on dit « eau de roche » (a. faux) et ne contient que très peu de leucocytes, essentiellement des lymphocytes (b. faux). Trouver des polynucléaires dans le LCR ou une coloration trouble évoque une méningite.

6. a, **b** et **c**.
La régulation de la température et l'équilibre hydrique sont des fonctions de l'hypothalamus, structure diencéphalique (d. et e. faux).

7. b, **d** et **e**.
La vascularisation cérébrale est assurée par le polygone de Willis (a. faux).
Le DSC dépend de la PAM (c. faux) et est diminué par une augmentation de la PIC (d. exact).

8. a, **b** et **c**.
Le neurotransmetteur final du système nerveux sympathique est la noradrénaline, mais la synapse intermédiaire située dans un ganglion sympathique a l'acétylcholine comme neurotransmetteur (a. exact). L'acétylcholine est le neurotransmetteur intermédiaire et final du système parasympathique. Il entraîne une mydriase (d. faux) et inhibe les sécrétions digestives (e. faux), contrairement au système nerveux parasympathique qui fait l'inverse.

QROC

1. L'étirement brutal d'un tendon, provoqué par le coup d'un marteau réflexe simulant l'étirement brutal du muscle, déclenche un stimulus proprioceptif qui atteint la moelle épinière en passant par la racine postérieure. Un neurone intermédiaire médullaire est activé et va alors stimuler un motoneurone qui, en passant par la racine antérieure, provoquera une contraction musculaire réflexe du muscle étiré.

2. • Le système nerveux parasympathique a une action anabolique, visant au repos et à la récupération de l'organisme ainsi qu'à la reproduction. Il va ainsi :
– favoriser la vision de près (myosis) ;
– diminuer l'activité métabolique et l'apport d'oxygène (baisse du débit cardiaque et de la pression artérielle (bradycardie, vasodilatation), bronchoconstriction) ;
– créer des réserves métaboliques (sécrétion d'insuline et de glucagon) ;
– faciliter la digestion et l'élimination (stimulation du péristaltisme et des sécrétions digestives, miction et défécation) ;
– refroidir l'organisme (sudation) ;
– permettre la reproduction (érection).

• Le système nerveux sympathique a une action catabolique, visant à mobiliser les ressources de l'organisme, notamment motrices, afin de faciliter la réponse à l'agression, par la fuite ou le combat, et la recherche de nourriture par la chasse. Il va ainsi :
– améliorer la vision de loin et de nuit (mydriase) ;
– favoriser l'apport d'oxygène (bronchodilatation, tachycardie, inotropisme positif, vasoconstriction favorisant l'irrigation musculaire) ;
– favoriser l'apport de glucose (glycogénolyse, lipolyse) ;
– mettre le tube digestif au repos (inhibition du péristaltisme et des sécrétions digestives) ;
– accumuler les urines (dilatation vésicale) ;
– mettre fin à l'acte sexuel (éjaculation).

Le système digestif

QCM

1. a et **c**.
Attention, la consigne demandait de cocher les affirmations fausses.
L'œsophage est situé en arrière (et non en avant) de la trachée.
L'épiglotte ferme l'orifice de la trachée au niveau du larynx.

2. c et **d**.
L'estomac est situé en dessous (et non au-dessus) du diaphragme (a. faux).
Il comporte trois (et non deux) couches musculaires (b. faux), ce qui le différencie du reste du tractus digestif qui n'en possède que deux.

3. b et **c**.
La bile est stockée dans la vésicule biliaire (b. exact), mais elle est synthétisée au niveau du foie (a. faux). Elle contient effectivement du cholestérol, mais n'est pas synthétisée dans la vésicule (d. faux).

4. b, **c** et **d**.
L'insuline est synthétisée au niveau du pancréas (a. faux).

5. a et **c**.
La fonction pancréatique est à la fois exocrine (la digestion) et endocrine (insuline et glucagon) (b. faux, c. exact). Le pH de ses sécrétions est basique donc > 7 (d. faux).

6. a, **b** et **c**.
La réabsorption finale de l'eau du chyme se produit au niveau du côlon et non de l'intestin grêle (d. faux).

7. a et **c**.
Le péristaltisme commence au niveau de l'œsophage et non de l'intestin grêle (b. faux).
C'est le parasympathique et non le sympathique qui l'accélère (d. faux).

8. a.
Une intervention chirurgicale au niveau abdominal peut effectivement interrompre le péristaltisme (a. exact). Les corticoïdes n'ont pas d'effet direct sur le péristaltisme (b. faux), mais peuvent être à l'origine de gastralgies (douleurs gastriques). D'autres médicaments comme les opiacés ou les neuroleptiques le ralentissent. Une gastrite est une inflammation de la paroi de l'estomac qui peut être induite par des médicaments comme les anti-inflammatoires.

QROC

Le péristaltisme est le mouvement de contraction involontaire des muscles lisses du tube digestif.
Ce réflexe répond à la distension de la paroi digestive par le bol alimentaire.
Il est lié à l'activité :
– d'un appareil nerveux intrinsèque situé dans la paroi musculaire ;
– du système nerveux parasympathique, qui l'accélère ;
– du système nerveux sympathique, qui le ralentit.

Le système rénal et urinaire

QCM

1. a, **b** et **c**.
La fonction d'épuration permet l'élimination des déchets du métabolisme (a. exact). La fonction endocrine assure entre autres la sécrétion d'érythropoïétine qui joue un rôle dans la fabrication des hématies (b. exact). La fonction de régulation permet de conserver un équilibre, notamment des ions et du pH (c. exact). Le rein n'intervient pas dans la digestion (d. faux).

2. a et **d**.
Les artères rénales sont des branches vasculaires et ne participent pas directement à l'élaboration de l'urine (c. faux).
Néanmoins, leur lésion peut être responsable d'une ischémie du parenchyme rénal.
Les glandes surrénales ont, elles, une fonction exclusivement endocrine (b. faux).

3. b, **c** et **d**.
Le hile est l'orifice du rein par lequel passent les troncs vasculaires et l'uretère (a. faux). Les néphrons sont dans le parenchyme rénal.

4. b.
Le glucose est une substance à seuil. Il est éliminé au-delà d'un taux sanguin de 1,80 g/L. C'est l'un des signes du diabète sucré.

5. b et **d**.
La réabsorption de l'eau se fait majoritairement (70 %) au niveau du tube contourné proximal et non distal (a. faux). L'eau et le sodium sont effectivement liés dans les transferts (d. exact). L'aldostérone ne joue pas un rôle direct dans la réabsorption hydrique, même si elle est liée à la réabsorption du sodium (c. faux).

6. b et **c**.
La production d'ADH est indirecte et liée aux mécanismes de rétrocontrôle.
C'est la rétention hydrosodée provoquée par l'ADH et l'aldostérone qui entraîne une augmentation du volume circulant et donc de la pression artérielle (a. faux). C'est l'angiotensine I et non la rénine qui réagit avec l'enzyme de conversion pour former l'angiotensine II qui est la forme active (d. faux).

7. a et **c**.
L'oligurie correspond à une baisse importante de la diurèse des 24 heures (d. faux), alors que dans la polyurie, on assiste à une augmentation du volume de la diurèse des 24 heures (b. faux) et des mictions.

Schéma à compléter

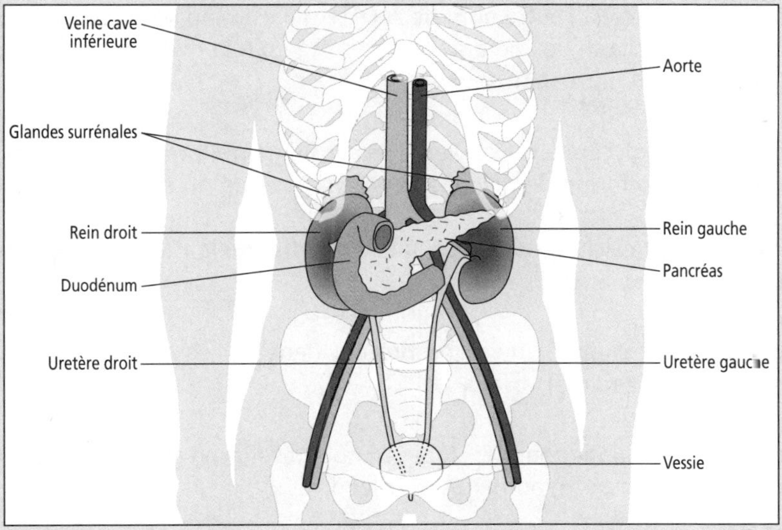

QROC

Rôle de l'ADH et de l'aldostérone.

– L'aldostérone, sécrétée par les glandes surrénales, provoque la réabsorption de sodium au niveau du tube contourné distal et du tube collecteur, ce qui permet la régulation finale du taux de sodium sanguin et urinaire. Cette réabsorption de sodium entraîne une réabsorption d'eau.

– L'ADH ou hormone antidiurétique ou vasopressine provoque la réabsorption d'eau au niveau du tube collecteur en augmentant la perméabilité de ce dernier.

Le système endocrinien

QCM

1. a et **c**.

Une glande exocrine déverse ses sécrétions dans un conduit comme le tube digestif ou bien à l'extérieur de l'organisme comme à travers la peau (b. faux). Il n'existe pas de contrôle volontaire des taux hormonaux (d. faux). Généralement, le rétrocontrôle est lié au taux plasmatique de l'hormone.

2. b et **c**.
La cortocotropine est l'autre nom de l'ACTH, qui est bien sécrétée par l'hypophyse (c. exact). La thyroxine ou T4 est sécrétée par la thyroïde (a. faux) et la mélatonine par l'épiphyse (d. faux).

3. a et **d**.
La baisse de la glycémie est en lien avec l'insuline qui provoque le stockage du glucose sous forme de glycogène et son passage du sang vers la cellule (b. faux).
La libération de calcium osseux se fait sous l'effet de la PTH (c. faux), qui est donc hypercalcémiante.

4. b, **c** et **d**.
La tachycardie est plutôt un signe présent dans l'excès d'hormones thyroïdiennes (hyperthyroïdie) (a. faux).

5. a et **b**.
Frilosité et bradycardie sont des signes plutôt présents en cas de déficit en hormones thyroïdiennes (hypothyroïdie) (c. et d. faux).

6. b et **d**.
La sécrétion d'adrénaline vise à augmenter les fonctions métaboliques, la tension est donc augmentée (a. faux), les bronches s'ouvrent (broncho-dilatation) (c. faux).

7. b et **d**.
Le cortisol est sécrété par les corticosurrénales (a. faux), l'œstradiol par les ovaires (c. faux).

8. d.
La thymopoïétine est sécrétée par le thymus (a. faux), l'aldostérone par les médullosurrénales (b. faux). La rénine, sécrétée par le rein, n'est pas une hormone mais une enzyme (c. faux).

QROC

Le pancréas secrète deux hormones, au niveau des îlots de Langerhans :
– les cellules de type α des îlots de Langerhans sécrètent du glucagon, qui est hyperglycémiant ;
– les cellules β des îlots de Langerhans sécrètent de l'insuline, qui est hypoglycémiante.

Le système immunitaire

QCM

1. b et **c**.
Les anticorps sont produits par des formes spécifiques de lymphocytes B, les plasmocytes (a. faux).
Les protéines du système du complément sont principalement sécrétées par le foie (d. faux).

2. b et **c**.
Le mécanisme inflammatoire n'a pas d'action directe sur les agents pathogènes (a. faux), mais favorise une présence importante des cellules immunitaires qui vont lutter contre les agents pathogènes. Le métabolisme est augmenté lors d'un phénomène inflammatoire (d. faux).

3. a et **d**.
Les lymphocytes NK (ou tueurs) et les macrophages font partie des mécanismes de défense immunitaire non spécifique (b. et c. faux).

4. b et **c**.
La primo-injection et la primo-infection représentent la première rencontre avec l'agent pathogène (a. et d. faux). C'est après cette première rencontre que l'organisme pourra produire une « mémoire » de l'infection et des anticorps spécifiques.

5. a et **d**.
Les lymphocytes NK et les macrophages participent au système de défense non spécifique qui ne nécessite pas la mémoire des antigènes (b. et c. faux).

6. b.
Les lymphocytes B sont activés par les lymphocytes T (b. exact). C'est cette activation qui permettra la construction d'une immunité fondée sur des anticorps spécifiques et sur une mémoire de la rencontre avec l'agent pathogène. On parle alors d'immunité humorale.

7. b et **d**.
La destruction des antigènes est assurée par des cellules et non par les anticorps (c. faux)
Mais ce sont les anticorps qui marquent les cibles (b. exact). La voie de libération des interférons est liée aux cellules infectées par un virus et aux lymphocytes (a. faux). Le système du complément est activé par les anticorps libérés par les lymphocytes B activés ou plasmocytes (d. exact).

QROC

Les macrophages phagocytent les cellules étrangères, avec l'aide du système du complément.
Ils les lysent et peuvent ensuite « présenter » un fragment antigénique aux lymphocytes T qui constituent une partie du système de défense spécifique.

Les fonctions sensorielles

QCM

1. b et **d**.
Le liquide situé entre la cornée et le cristallin est l'humeur aqueuse (a. faux).
La chambre antérieure se situe entre la cornée et l'iris (c. faux).

2. a et **c**.
Le disque optique est la zone aveugle. C'est la fovéa qui est la zone riche en récepteurs photosensibles (b. faux).
Les bâtonnets favorisent la vision nocturne (d. faux), et en noir et blanc.

3. c.
Les aires visuelles sont situées dans les lobes occipitaux (a. faux).
Seule une partie des voies nerveuses se croisent (b. faux).
L'information visuelle captée par la partie interne de la rétine est reçue par le lobe occipital opposé (d. faux).

4. c.
Le conduit auditif externe est une partie de l'oreille externe et non moyenne (a. faux).
Le cérumen sert avant tout à capturer et à évacuer les déchets du conduit auditif externe (b. faux).
L'osselet en contact avec la membrane tympanique s'appelle le malléus ou marteau (d. faux).

5. a et **b**.
Les canaux semi-circulaires contiennent les récepteurs de l'équilibre (c. faux).
Les otolithes ne sont que les petits cailloux qui vont stimuler les cellules ciliées (d. faux).

6. b.
La perception physiologique des fréquences se modifie avec l'âge, certaines fréquences deviennent moins perceptibles (a. faux). Un bouchon de cérumen peut causer une baisse de l'acuité auditive ou hypoacousie (c. faux). Une otite est une infection de l'oreille moyenne et non interne (d. faux).

7. b et **c**.
L'organe de Corti est le siège des récepteurs auditifs (a. faux).
Le centre nerveux recevant et traitant les informations liées à l'équilibre est le cervelet et non le tronc cérébral (d. faux).

QROC

Avant d'atteindre la rétine, la lumière traverse successivement, de l'avant vers l'arrière : la cornée, la pupille, l'humeur aqueuse, le cristallin et le corps vitré.

Le système reproducteur

QCM

1. b et **d**.
Le vestibule est une dépression formée entre les petites lèvres et où l'on trouve le méat urétral. Il appartient à l'appareil génital externe (a. faux). De même, les glandes de Bartholin se trouvent de part et d'autre de l'orifice vaginal (c. faux).

2. a.
Le clitoris et les grandes lèvres font partie de l'appareil génital externe (b. et c. faux).
Le périnée est une zone anatomique comprise entre la symphyse pubienne et le coccyx (d. faux).

3. b et **c**.
La TSH est une hormone hypophysaire qui stimule la thyroïde (a. faux). Le corps jaune sécrète de la progestérone (d. faux). La testostérone existe aussi chez la femme mais à un taux très faible.

4. c et **d**.
Le sac contenant les testicules se nomme scrotum. Le scotome est un déficit visuel (a. faux). Les canaux déférents s'abouchent aux canaux éjaculateurs (b. faux).

5. b.
Les canaux déférents et les canaux éjaculateurs ne font que conduire le sperme et les spermatozoïdes vers l'urètre et le méat lors de l'éjaculation (a. et d. faux).
Le cordon spermatique est la zone anatomique comprenant vaisseaux et nerfs, à laquelle est appendu le testicule (c. faux).

6. b, **c** et **d**.
L'ovule n'est fécondable que pendant une durée approximative de 12 heures, ce qui est inférieur à la durée de fécondité du spermatozoïde (a. faux)

7. a et **d**.
Au contraire, la grossesse provoque une diminution du taux de plaquettes (b. faux) et une augmentation de la vitesse de sédimentation (c. faux).

Schéma à compléter

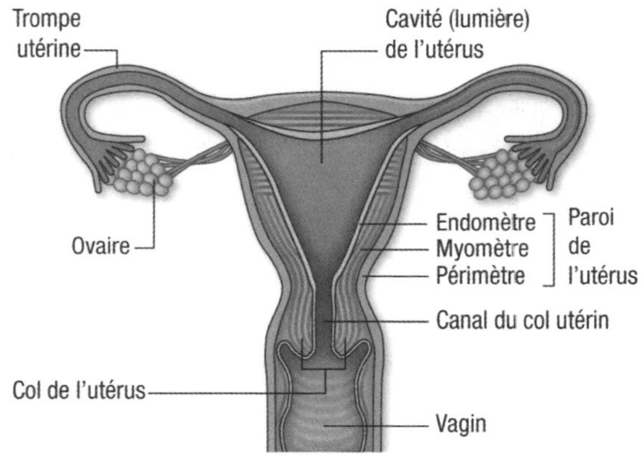

Les âges de la vie

QCM

1. c et **d**.
La TSH est une hormone hypophysaire qui stimule la thyroïde. Ce sont les hormones (T3 et T4), qu'elle stimule, qui sont impliquées dans la croissance (a. faux).
La TRH est le facteur hypothalamique qui stimule la sécrétion hypophysaire de TSH (b. faux).

2. c.
C'est à travers la croissance des os longs (et non plats, a. faux) que se mesure l'évolution staturopondérale. La première année de vie est celle de l'évolution la plus rapide, même si l'on constate une accélération au moment de la puberté (b. faux). Cette évolution staturo-pondérale suit, jusqu'à la puberté, une courbe quasi identique chez les garçons et les filles avec un bénéfice de 2 à 3 cm chez

les garçons (d. faux). La différence d'évolution est plus forte au moment de la puberté, en faveur des garçons.

3. a.

Si la progression de la croissance est élevée sur cette période de dix ans, l'augmentation est de 119 % la première année, de seulement 24 % la deuxième année puis va en décroissant.

4. a, **b** et **c**.

Le terme involution fait référence à un phénomène de dégénérescence. Le fonctionnement des organes est altéré. Donc, le fait que le système hormonal fonctionne moins bien peut être une conséquence du vieillissement et non une cause (d. faux), ou bien la conséquence d'une pathologie.

5. b et **c**.

La masse maigre diminue (a. faux). La sécrétion d'insuline n'augmente pas (d. faux), mais on peut assister à l'apparition d'une résistance progressive des tissus à l'insuline et donc à une moindre efficacité de celle-ci.

6. b.

Le temps de réaction augmente (a. faux), les réflexes sont plus lents. Le temps de sommeil diminue (c. faux) et le rythme se modifie.
La sensation de soif est diminuée, ce qui peut augmenter le risque de déshydratation (d. faux).

7. a, **b** et **d**.

Le taux d'anticorps après une vaccination est moins élevé et se maintient moins longtemps chez la personne âgée, ce qui entraîne une diminution de la période de couverture vaccinale (c. faux).

QROC

Le vieillissement est le processus par lequel les fonctions de l'organisme sont altérées par des mécanismes relatifs à la génétique et aux facteurs environnementaux. Ce processus diminue les capacités d'adaptation de l'organisme. Le vieillissement est modifié par l'effet des pathologies dont le sujet est porteur.

UE 2.4

PROCESSUS TRAUMATIQUES

Rappels des objectifs et contenus

UE 2.4 Processus traumatiques

Objectif 1

Expliquer la notion de processus physiopathologique

Objectif 2

Caractériser les principes de la sémiologie

Objectif 3

Explorer la notion de processus traumatique physique

Objectif 4

Expliquer la survenue des pathologies traumatiques

Objectif 5

Identifier les signes, les complications, les risques, les traitements des traumatismes étudiés

Les liens avec les règles en matière de prescription sont faits et approfondis dans les UE 2.11.S1, UE 2.11.S.3 et UE 2.11. S5 Pharmacologie et thérapeutiques

Éléments de contenu :

- Le processus traumatique et les divers types de traumatismes.
- Les mécanismes d'apparition des traumatismes.
- Le choc traumatique et ses conséquences.
- La traumatologie par organe.
- Les traumatismes par domaines.
- Les polytraumatismes.
- L'urgence en traumatologie.

Évaluation écrite de connaissances

Développement de la compétence 4

« Mettre en œuvre des actions à visée diagnostique et thérapeutique»

Auto-évaluation

Complétez les six encadrés vides des étapes de l'analyse clinique, diagnostique et thérapeutique dans le cas de plaies aiguës.

Évolution et complications éventuelles

-
-
-
-

Mécanisme d'apparition

Exemples :

Les axes thérapeutiques

-
-
-
-

Mener des actions diagnostiques et thérapeutiques chez une personne pré-sentant une plaie

Évaluation des plaies : la clinique

-
-
-
-
-
-

Mécanismes de réparation

Énoncez les étapes de la cicatrisation :

–
–
–

Évaluation de la gravité

-
-
-
-

Corrigé

Évolution et complications éventuelles

- Infection : complication majeure
- Tétanos
- Retard de cicatrisation (effets néfastes à la cicatrisation)
- Désunions

Mécanismes d'apparition

Coupure, morsure, brûlure, écrasement, acte chirurgical

Les axes thérapeutiques

- Les pansements
- Les sutures (strips, colle tissulaire, points, agrafes)
- La thérapie par pression négative (TNP)
- L'oxygénothérapie hyperbare

Mener des actions diagnostiques et thérapeutiques chez une personne présentant une plaie

Évaluation des plaies : la clinique

- Aspect
- Mesures (longueur, largeur, profondeur, décollement)
- Surface
- Odeur
- Présence de saignements
- Exploration chirurgicale

Mécanismes de réparation

Les étapes de la cicatrisation :

– phase initiale et inflammatoire (détersion) ;

– phase de réparation tissulaire (bourgeonnement) ;

– phase de maturation et remodelage (épidermisation).

Évaluation de la gravité

- Atteinte vasculaire
- Atteinte tendineuse
- Atteinte nerveuse
- Atteinte articulaire et osseuse

Entraînements

Les plaies aiguës

QCM

lienmini.fr/S1-QCM31

Au moins l'une des réponses proposées est exacte.

1. Font partie des plaies aiguës :
❍ **a.** les ulcères de jambe.
❍ **b.** les plaies post-opératoires.
❍ **c.** les escarres.
❍ **d.** les dermabrasions.

2. La recherche d'une atteinte nerveuse lors d'une plaie se fait par :
❍ **a.** l'exploration de la motricité.
❍ **b.** la coloration des téguments.
❍ **c.** la recherche du pouls.
❍ **d.** l'exploration de la sensibilité.

3. Les facteurs néfastes à la cicatrisation sont :
❍ **a.** le diabète.
❍ **b.** les antibiotiques.
❍ **c.** l'âge avancé.
❍ **d.** le stress.

4. L'existence de signes de détresse vitale lors d'une plaie peut faire penser à une atteinte :
❍ **a.** nerveuse.
❍ **b.** tendineuse.
❍ **c.** vasculaire.
❍ **d.** articulaire.

5. Dans le cas d'une plaie avec un couteau restant dans la plaie :
❍ **a.** vous retirez le couteau et vous amenez la victime dans un centre hospitalier.
❍ **b.** vous laissez le couteau et transportez la victime dans un centre hospitalier.
❍ **c.** vous calez le couteau sans le bouger et transportez la victime vers le centre hospitalier le plus proche.
❍ **d.** vous retirez le couteau et attendez les secours.

6. L'intérêt des pansements avec drainage est :
❍ **a.** d'éviter la fermeture pariétale prématurée.
❍ **b.** d'éviter la formation d'un abcès.
❍ **c.** de prévenir une hémorragie.
❍ **d.** de favoriser la sécrétion des exsudats.

QROC

Citez et expliquez brièvement les différentes phases de la cicatrisation.

Les brûlures

QCM

lienmini.fr/S1-QCM32

Au moins l'une des réponses proposées est exacte.

1. Les personnes les plus exposées aux brûlures sont :
❍ **a.** les enfants de 0 à 4 ans.
❍ **b.** les enfants de 5 à 10 ans.
❍ **c.** les adultes.
❍ **d.** les personnes âgées.

2. Les causes les plus fréquentes de brûlures sont :
❍ **a.** les accidents de la voie publique.
❍ **b.** les accidents domestiques.
❍ **c.** les accidents professionnels.
❍ **d.** les explosions.

3. Les critères de gravité des brûlures sont :
❍ **a.** la profondeur.
❍ **b.** l'érythème.
❍ **c.** la desquamation.
❍ **d.** l'étendue.

4. Une brûlure du premier degré :
❍ **a.** guérit spontanément en 8 jours.
❍ **b.** nécessite une prise en charge hospitalière.
❍ **c.** équivaut à un coup de soleil.
❍ **d.** se traite par application de crème hydratante.

5. Une brûlure du deuxième degré :
❍ **a.** se manifeste par des phlyctènes.
❍ **b.** atteint uniquement l'épiderme.
❍ **c.** nécessite toujours une greffe de peau.
❍ **d.** se manifeste par une insensibilité locale.

6. Une brûlure du troisième degré :
❍ **a.** est très douloureuse.
❍ **b.** laisse toujours des séquelles.
❍ **c.** nécessite une hospitalisation.
❍ **d.** guérit spontanément en 10 jours.

QROC

Quelles mesures d'asepsie l'infirmier doit-il respecter lors de la réalisation de soins à une personne victime de brûlures ? Pourquoi ?

Les fractures

QCM

lienmini.fr/S1-QCM33

Au moins l'une des réponses proposées est exacte.

1. Les différents types de déplacement des fractures sont :
❍ **a.** l'angulation.
❍ **b.** la rotation.
❍ **c.** la luxation.
❍ **d.** la distorsion.

2. La sémiologie des fractures comprend :
❍ **a.** l'impotence fonctionnelle.
❍ **b.** l'insensibilité du membre.
❍ **c.** la déformation du membre fracturé.
❍ **d.** la dévascularisation.

3. L'examen diagnostique de référence est :
❍ **a.** l'IRM.
❍ **b.** la scintigraphie.
❍ **c.** la radiographie.
❍ **d.** l'ostéodensitométrie.

4. La première phase de la consolidation osseuse correspond à :
❍ **a.** la prolifération du cartilage.
❍ **b.** l'activité des macrophages.
❍ **c.** la formation d'un treillis osseux.
❍ **d.** la présence d'un hématome péri-fracturaire.

5. Les inconvénients du traitement orthopédique sont :
❍ **a.** les déplacements secondaires.
❍ **b.** l'infection.
❍ **c.** le retard de cicatrisation.
❍ **d.** la multiplication des contrôles radiologiques.

6. La pseudarthrose est :
❍ **a.** l'absence de consolidation après 1 an.
❍ **b.** une douleur et une mobilité au niveau du foyer de fracture.

❍ **c.** l'absence de consolidation après 6 mois.
❍ **d.** une raideur articulaire.

QROC

Citez les surveillances que vous effectuez auprès d'une personne porteuse d'une contention plâtrée.

Les fractures de l'extrémité supérieure du fémur

QCM

lienmini.fr/S1-QCM34

Au moins l'une des réponses proposées est exacte.

1. Font partie des fractures de l'extrémité supérieure du fémur (FESF) :
❍ **a.** les fractures per-trochantériennes.
❍ **b.** les fractures du col fémoral.
❍ **c.** les fractures diaphysaires.
❍ **d.** les fractures supra-condyliennes.

2. Les signes cliniques des fractures de l'extrémité supérieure du fémur sont :
❍ **a.** l'abduction.
❍ **b.** la rotation interne.
❍ **c.** le raccourcissement.
❍ **d.** l'adduction.

3. Le principe du traitement des FESF est :
❍ **a.** la chirurgie.
❍ **b.** l'immobilisation plâtrée.
❍ **c.** le décubitus dorsal strict.
❍ **d.** l'immobilisation par traction du membre dans l'axe.

4. La complication majeure après une arthroplastie de la hanche est :
❍ **a.** la luxation.
❍ **b.** l'embolie pulmonaire.
❍ **c.** la décalcification.
❍ **d.** l'hémodilution.

5. Les complications de décubitus associées aux FESF sont :
❍ **a.** les escarres.
❍ **b.** l'infection du site opératoire.
❍ **c.** le syndrome des loges.
❍ **d.** l'atrophie musculaire.

6. La prévention des récidives de fracture comprend :
❍ **a.** la limitation du périmètre de marche.
❍ **b.** les barres d'appui.
❍ **c.** les semelles antidérapantes.
❍ **d.** les contentions.

QROC

Décrivez la prise en charge pré-opératoire d'un patient présentant une fracture de l'extrémité supérieure du fémur.

Les amputations

QCM

lienmini.fr/S1-QCM35

Au moins l'une des réponses proposées est exacte.

1. Les causes des amputations sont d'origine :
❍ **a.** accidentelle.
❍ **b.** infectieuse.
❍ **c.** artéritique.
❍ **d.** cardiovasculaire.

2. Le but du bandage en post-opératoire (de 0 à 10 jours) est de :
❍ **a.** favoriser le drainage veineux et donc diminuer l'œdème.
❍ **b.** diminuer l'hématome.
❍ **c.** modeler le moignon et lui donner une forme conique.
❍ **d.** favoriser la cicatrisation.

3. Le patient amputé est appareillé :
❍ **a.** dès la première semaine post-opératoire.
❍ **b.** à partir du 21e jour post-opératoire.
❍ **c.** lorsque les drains sont retirés.
❍ **d.** lorsque le patient peut se lever.

4. Le choix du niveau d'amputation dépend :
❍ **a.** du niveau imposé par les lésions.
❍ **b.** des facteurs de risque du patient.
❍ **c.** de l'âge du patient.
❍ **d.** des possibilités de l'appareillage.

5. L'algohallucinose est une douleur :
❍ **a.** de type neurogène.
❍ **b.** ressentie dans le membre fantôme.
❍ **c.** du moignon.
❍ **d.** aiguë.

6. Les professionnels qui participent à la prise en charge du patient sont :
❍ **a.** l'ergothérapeute.
❍ **b.** l'orthoptiste.
❍ **c.** le psychologue.
❍ **d.** le kinésithérapeute.

QROC

Citez et expliquez les conséquences psychologiques qu'engendre l'amputation.

Les traumatismes rachidiens

QCM

lienmini.fr/S1-QCM36

Au moins l'une des réponses proposées est exacte.

1. Les principaux types de lésions rencontrées lors d'un traumatisme rachidien sont :
❍ **a.** les lésions cutanées.
❍ **b.** les lésions médullaires.
❍ **c.** les lésions osseuses.
❍ **d.** les lésions disco-ligamentaires.

2. Les principaux signes cliniques observés lors d'une fracture rachidienne sont :
❍ **a.** des cervicalgies.
❍ **b.** des dorsalgies.
❍ **c.** des lombalgies.
❍ **d.** des contractures para-vertébrales.

3. L'examen d'imagerie médicale de référence lorsque le bilan du traumatisé met en évidence des signes cliniques neurologiques radiculaires et/ou médullaires est :
❍ **a.** la radiographie standard de face.

❍ **b.** la radiographie standard de profil.
❍ **c.** le scanner.
❍ **d.** l'IRM.

4. Pour établir une évaluation sensitivo-motrice lors d'un traumatisme rachidien avec atteinte médullaire, on utilise :
❍ **a.** le score de Glasgow.
❍ **b.** le score de Magerl.
❍ **c.** le score ASIA.
❍ **d.** le score ASA.

5. La conséquence d'une fracture de L2-L3 avec section de la moelle épinière est :
❍ **a.** une tétraplégie réversible après chirurgie.
❍ **b.** une paraplégie réversible après chirurgie.
❍ **c.** une tétraplégie définitive.
❍ **d.** une paraplégie définitive.

6. Au cours de l'hospitalisation, les axes prioritaires d'une démarche éducative infirmière sont :
❍ **a.** l'écoute active et la reformulation.
❍ **b.** le maintien d'une posture respectant l'axe tête-cou-tronc.
❍ **c.** le repos, dans une ambiance calme.
❍ **d.** les conseils pour faire accepter le handicap.

Étude de cas

Expliquez quels vont être les équipements à prévoir dans la chambre qui va accueillir M. Durand en service de neurochirurgie, en supposant qu'il soit admis après avoir subi une intervention concernant sa fracture dorsolombaire et une tentative sans succès de pallier son atteinte médullaire.

M. Durand, 25 ans, marié, père d'un enfant en bas âge et agent de maintenance en usine, a été victime d'un accident de travail vers 11 h 15 du matin. Des témoins ont expliqué qu'il était tombé d'une échelle en montant sur l'un des toits des ateliers. La hauteur de chute est estimée à 4 mètres. Il a heurté une machine et ressenti une douleur intense au niveau du rachis dorsolombaire. Pris en charge par deux de ses collègues dont l'un est secouriste du travail, il a été transporté en civière à l'infirmerie. L'infirmière de santé au travail (IST), qui prenait son service à 12 h 00, a aussitôt appelé le 15.

Vous êtes infirmier(ère) au sein de l'équipe du SMUR (Service mobile d'urgence et de réanimation) qui arrive sur place. Il est 12 h 15, M. Durand est allongé en décubitus dorsal sur le lit de l'infirmerie, il se plaint de douleurs vives plutôt vers le bas du dos et ne peut pas remuer les jambes.

Les traumatismes crâniens

QCM lienmini.fr/S1-QCM37

Au moins l'une des réponses proposées est exacte.

1. Parmi les os suivants, lesquels font partie du crâne ?
❍ **a.** Le temporal.
❍ **b.** Le sphénoïde.
❍ **c.** Le pariétal.
❍ **d.** L'iliaque.

2. Les traumatismes crâniens concernent principalement :
❍ **a.** le nourrisson.
❍ **b.** le sujet jeune avec une surmortalité entre 15 et 24 ans.
❍ **c.** les personnes âgées.
❍ **d.** les personnes handicapées.

3. Quelles sont les complications possibles après une commotion cérébrale ?
❍ **a.** Un hématome extradural (HED).
❍ **b.** Un hématome sous-dural (HSD).
❍ **c.** Un coma profond.
❍ **d.** Une fracture du crâne.

4. Un traumatisme crânien est considéré comme sévère ou grave lorsque le score de Glasgow est :
❍ **a.** supérieur à 8.
❍ **b.** supérieur à 5.
❍ **c.** inférieur à 8.
❍ **d.** inférieur à 5.

5. Les séquelles neurologiques d'un post-traumatisme crânien les plus fréquentes sont :
❍ **a.** une baisse sensible de l'acuité visuelle.
❍ **b.** une baisse de l'appétit.
❍ **c.** une atteinte des voies auditives (surdité).
❍ **d.** des troubles de l'équilibre.

6. Dans le cas d'un traumatisme crânien grave avec séquelles, les axes éducatifs infirmiers prioritaires sont :
❍ **a.** le suivi par un psychologue.
❍ **b.** le maintien de l'autonomie.
❍ **c.** le maintien du lien social.
❍ **d.** la prévention de la dépression.

QROC

Pour des parents ayant l'autorisation de surveiller leur enfant (ayant subi un traumatisme crânien léger) à domicile, quelles consignes donneriez-vous concernant la conduite à tenir en cas de signes d'aggravation ?

Les traumatismes thoraciques fermés

QCM

lienmini.fr/S1-QCM38

Au moins l'une des réponses proposées est exacte.

1. Un patient est victime d'un traumatisme thoracique isolé. Parmi les éléments suivants, quels sont les facteurs de gravité conduisant à proposer une surveillance rapprochée ?

❍ **a.** Sujet âgé de plus de 60 ans.
❍ **b.** Bronchite chronique obstructive.
❍ **c.** Douleur mal calmée par les antalgiques de paliers 1 et 2.
❍ **d.** Absence d'épanchement pleural liquidien.

2. Les signes de détresse respiratoire sont :

❍ **a.** dyspnée (polypnée, bradypnée).
❍ **b.** cyanose.
❍ **c.** chute de la pression artérielle.
❍ **d.** sueurs.

3. Une bradypnée est :

❍ **a.** une respiration à une fréquence supérieure à 16 cycles/min.
❍ **b.** une respiration à une fréquence inférieure à 16 cycles/min.
❍ **c.** une fréquence cardiaque supérieure à 90 bat/min.
❍ **d.** une fréquence cardiaque inférieure à 50 bat/min.

4. Lors d'un traumatisme thoracique, la plaie des vaisseaux mammaires internes peut être responsable :

❍ **a.** d'un pneumothorax.
❍ **b.** d'un hémothorax.
❍ **c.** d'une contusion pulmonaire.
❍ **d.** d'une rupture diaphragmatique.

5. Le principe du drainage thoracique est lié à un système :

❍ **a.** d'aspiration.
❍ **b.** de ventilation.

❍ **c.** de perfusion.
❍ **d.** de rinçage.

6. À court terme, la complication majeure lors d'un traumatisme thoracique est :
❍ **a.** une détresse respiratoire et circulatoire.
❍ **b.** une bronchite chronique obstructive.
❍ **c.** une pneumopathie.
❍ **d.** une cardiopathie obstructive.

QROC

Donnez la définition et les indications d'un drainage thoracique lors d'un traumatisme thoracique.

Les traumatismes abdominaux

QCM

lienmini.fr/S1-QCM39

Au moins l'une des réponses proposées est exacte.

1. La première cause de traumatismes abdominaux est :
❍ **a.** les chutes de grande hauteur.
❍ **b.** les accidents de ski.
❍ **c.** les accidents de la circulation.
❍ **d.** les accidents de jardinage.

2. Dans les traumatismes abdominaux fermés, l'organe le plus fréquemment touché est :
❍ **a.** le foie.
❍ **b.** la rate.
❍ **c.** l'estomac.
❍ **d.** la vésicule.

3. Lors d'un traumatisme abdominal, l'examen clinique repose sur :
❍ **a.** la palpation des organes intra-abdominaux.
❍ **b.** l'auscultation pulmonaire.
❍ **c.** la percussion vésicale et hépatique.
❍ **d.** l'entretien avec le patient.

4. Dans les traumatismes abdominaux, les deux problèmes majeurs sont :
❍ **a.** la rupture diaphragmatique.
❍ **b.** le risque infectieux.

❍ **c.** l'hémorragie.
❍ **d.** l'éventration.

5. Le(s) examen(s) d'imagerie à pratiquer pour rechercher des lésions abdominales est (sont) :
❍ **a.** l'abdomen sans préparation (ASP).
❍ **b.** l'échographie abdominale.
❍ **c.** la tomodensitométrie abdomino-pelvienne.
❍ **d.** la radiographie du bassin.

QROC

Détaillez la conduite à tenir lors d'un traumatisme abdominal chez une femme enceinte.

Les polytraumatismes

QCM

lienmini.fr/S1-QCM40

Au moins l'une des réponses proposées est exacte.

1. Une mydriase est :
❍ **a.** une dilatation de la pupille.
❍ **b.** un rétrécissement de la pupille.
❍ **c.** une inégalité pupillaire.
❍ **d.** une chute des paupières.

2. Les étiologies d'un choc hémorragique lors d'un polytraumatisme sont :
❍ **a.** plaie du scalp.
❍ **b.** fracture d'une côte.
❍ **c.** rupture splénique.
❍ **d.** rupture de l'aorte.

3. Les critères d'évaluation du score de Glasgow sont :
❍ **a.** la réponse verbale.
❍ **b.** la réponse sensitive.
❍ **c.** l'ouverture des yeux.
❍ **d.** la réponse motrice.

4. Le bilan initial du polytraumatisé est constitué :
❍ **a.** d'un bilan biologique.
❍ **b.** d'une tomodensitométrie cérébrale.
❍ **c.** d'une radiographie pulmonaire.

❍ **d.** d'une échographie cardiaque.

5. La fiabilité de l'examen clinique d'un polytraumatisé conscient est de :

❍ **a.** 25 %.
❍ **b.** 50 %.
❍ **c.** 75 %.
❍ **d.** 100 %.

6. En l'absence des parents, l'autorisation d'opérer est sous la responsabilité du :

❍ **a.** cadre de santé.
❍ **b.** préfet.
❍ **c.** directeur de l'établissement.
❍ **d.** procureur de la République.

QROC

Expliquez en quoi consiste la prise en charge ABCDEF.

Corrigés

Les plaies aiguës

QCM

1. b et d.
Les ulcères de jambe et les escarres sont des plaies chroniques : plaies dont le délai de cicatrisation est allongé (après 4 à 6 semaines d'évolution) en raison de la présence d'une ou de plusieurs causes de retard de cicatrisation.

2. a et d.
La coloration des téguments et la recherche de pouls sont les indicateurs d'une atteinte vasculaire.

3. a, c et d.
Il est impératif pour un infirmier de connaître tous les effets néfastes à la cicatrisation pour une meilleure efficacité dans la prise en charge d'une plaie.

4. c.
Les atteintes nerveuses tendineuse et articulaire ne se manifestent pas par une détresse vitale mais par des signes de motricité et de sensibilité.

5. c.
En effet, laisser le couteau permet de maintenir une possible hémorragie. Il s'agit, bien entendu, de le caler pour éviter de créer d'autres lésions. Le transport vers le centre hospitalier le plus proche va permettre une prise en charge rapide et efficace.
Le but de cette prise en charge sur les lieux de l'accident est de réduire voire d'éviter de graves complications (détresse circulatoire, atteintes viscérales, infection, etc.).

6. a, b et d.
Le pansement avec drainage ne prévient pas les hémorragies ; il peut permettre d'extérioriser une hémorragie (en évitant une collection interne) et ainsi de la mettre en évidence.

QROC

Les différentes phases de la cicatrisation :
– la phase initiale et inflammatoire : c'est la formation d'un caillot de fibrine qui va assurer l'hémostase et déclencher la prolifération de cellules inflammatoires qui vont migrer vers la plaie et assurer la détersion physiologique ;
– la phase de réparation tissulaire : elle consiste en la prolifération des cellules assurant la formation d'un tissu de granulation qui va progressivement combler la perte de substance ;

– la phase de remodelage : elle aboutit à la formation d'un tissu aussi proche que possible du tissu initial.

Les brûlures

QCM

1. a.
Les données épidémiologiques font état d'une fréquence élevée des brûlures chez les enfants entre 0 et 4 ans. Ces brûlures sont en lien avec des accidents domestiques et causées par des liquides bouillants pour la plupart.

2. b et c.
Selon l'âge, les brûlures ont des causes différentes.
Chez les enfants, il s'agit d'accidents domestiques.
Chez l'adulte, les brûlures sont fréquemment en lien avec l'activité professionnelle, entre autres la manipulation de produits chimiques.
Les accidents de la voie publique et les explosions restent des causes de brûlures peu fréquentes.

3. a et d.
L'érythème et la desquamation sont des signes spécifiques des brûlures du 1er degré.
Les trois critères de gravité sont l'étendue, la profondeur et la localisation des brûlures.

4. c et d.
La brûlure du 1er degré est douloureuse mais guérit très rapidement. Elle peut être associée ou non à une desquamation de la peau.

5. a.
Les brûlures du 2e degré se manifestent par une atteinte de la jonction dermo-épidermique. Le traitement par cicatrisation dirigée peut suffire à obtenir la guérison.

6. b et c.
Lors des brûlures du 3e degré, la douleur n'est plus présente car les terminaisons nerveuses ont été détruites. La guérison spontanée est impossible. Toute brûlure profonde fait partie des critères d'hospitalisation.

QROC

Mesures d'asepsie que doit respecter l'IDE lors de la réalisation de soins à une personne victime de brûlures : port de casaque, calot, masque, gants, stérilité du matériel utilisé.
La peau ne joue plus son rôle de protection contre les agressions extérieures,

en particulier contre les micro-organismes. Ces mesures préviennent le risque infectieux majeur face à ce type de lésions.

Les fractures

QCM

1. a et b.

La luxation n'est pas une fracture bien qu'elle puisse y être associée.

2. a et c.

La perte de sensibilité et la dévascularisation ne sont pas des signes constants des fractures. Ils sont présents en cas de fractures complexes, graves, associées à des complications.

3. c.

La radiographie est suffisante en première intention pour diagnostiquer dans la majorité des cas.

Les autres examens cités sont utiles pour percevoir la complexité d'une fracture ou son caractère pathologique.

4. b et d.

L'hématome correspond à la rupture des vaisseaux qui vascularisent l'os.

Les macrophages assurent la détersion des débris nécrotiques tissulaires.

5. a et d.

Le traitement orthopédique correspond à l'immobilisation qui nécessite des contrôles afin d'observer le processus d'ossification en bonne position.

6. b et c.

Le trait de fracture est toujours identifié à la radiographie après un délai de 6 mois. La mobilité du foyer de fracture est toujours présente. Elle peut s'observer au niveau de tous les sites de fracture et pas seulement pour les fractures articulaires.

QROC

Les surveillances à effectuer auprès d'une personne porteuse d'une contention plâtrée sont :

– la douleur du membre plâtré ;
– la sensibilité des extrémités ;
– la coloration des extrémités ;
– l'œdème des extrémités ;
– la motricité des extrémités ;

– l'odeur nauséabonde significative d'une infection sous plâtre ;
– les taches révélant un écoulement anormal sous plâtre.

Les fractures de l'extrémité supérieure du fémur

QCM

1. a et b.
Les fractures supra-condyliennes se situent au niveau des condyles fémoraux à l'extrémité inférieure du fémur.

2. c et d.
L'adduction correspond au rapprochement du membre de l'axe du corps. L'abduction correspond à l'éloignement de l'axe du corps.

3. a.
La chirurgie est le traitement de référence. Il peut être remis en question en fonction de l'anamnèse fonctionnelle du patient. Hormis cette situation, toute immobilisation prolongée aurait des conséquences dramatiques sur l'autonomie du patient.

4. a.
Le risque de luxation de prothèse de hanche est environ de l'ordre de 2 à 5 % en post-opératoire. Le risque de récidive augmente après un premier épisode.

5. a et d.
Les infections du site opératoire ne sont pas directement liées à la position de décubitus.
Le syndrome des loges s'observe principalement au niveau des loges musculaires de la jambe.

6. b et c.
Aucune solution visant à restreindre l'autonomie du patient n'est à privilégier. L'aménagement de l'intérieur de l'habitation doit être évalué afin de sécuriser le plus possible les lieux et éviter les dangers.

QROC

La prise en charge pré-opératoire d'un patient présentant une fracture de l'extrémité supérieure du fémur.
• Préparation du patient à l'intervention :
– hygiène générale du patient : toilette complète au lit, chemise propre, linge propre ;
– dépilation de la zone à opérer ;
– à jeun : sans boire, ni manger, ni fumer depuis 6 heures si l'intervention est

réalisée le jour-même ou depuis la veille minuit si l'opération est prévue le lendemain ;
– absence d'objets personnels (appareil dentaire, lunettes, bijoux, etc.) ;
– bracelet d'identification ;
– demander au patient d'uriner avant le départ au bloc opératoire.
• Vérification du dossier :
– étiquettes du patient afin d'assurer la traçabilité des actes effectués en per-opératoire ;
– compte rendu de la consultation d'anesthésie ;
– résultats des examens complémentaires ;
– l'autorisation d'opérer lorsque le patient est mineur ou sous tutelle ;
– le consentement éclairé du patient et l'identification de la personne de confiance ;
– la traçabilité des informations entre le service et le bloc ;
– administration des traitements prescrits antalgiques, prémédication à l'intervention, etc. ;
• La préparation psychologique du patient et de sa famille est primordiale. En effet, il s'agit d'une situation particulièrement anxiogène pour la personne.

Les amputations

QCM

1. a, b et c.
La cause cardiovasculaire n'existe pas, mais les patients amputés peuvent avoir des antécédents de maladies cardiovasculaires.

2. a, b et d.
Modeler le moignon et lui donner une forme conique se déroule à partir du 10e jour afin de le préparer à la mise en place d'une prothèse.

3. b.
L'ablation des redons s'effectue à partir de J3. L'état local de la cicatrice est trop fragile pour la mise en place d'une prothèse la première semaine. Dès que l'état local le permet, au 21e jour le plus souvent, l'appareillage est mis en place.

4. a, c et d.
Le choix du niveau d'amputation ne dépend pas des facteurs de risque du patient mais le chirurgien effectue en amont le score prédictif du patient.

5. b.
L'algohallucinose est une douleur ressentie dans le membre fantôme : algie que les patients amputés ressentent comme siégeant dans l'ancien territoire du membre amputé.

6. a, c et d.
L'orthoptiste est un spécialiste du dépistage, de la rééducation et de la réadaptation oculaires, qui intervient notamment à la demande d'un ophtalmologiste.

QROC

La personne récemment amputée a subi un choc psychologique, elle passe obligatoirement par un processus de deuil : cinq phases obligatoires de durées plus ou moins longues qui aboutissent ou non à la phase d'acceptation :
– Le déni est la première phase, le patient ne pouvant pas accepter la réalité.
– Elle est suivie d'une phase d'agressivité, de révolte contre la réalité du nouvel état physique.
– Viennent ensuite le marchandage et le retour de l'espoir. Sous certaines conditions, l'amputé entreprend d'appréhender sa nouvelle situation.
– La dépression succède. L'amputé n'arrive pas à faire face à la nouvelle situation.
– Enfin, c'est l'acceptation et le début de la reconstruction.

Les traumatismes rachidiens

QCM

1. b, c et d.
Les lésions cutanées ne sont pas systématiques lors d'un traumatisme rachidien. Une atteinte médullaire grave, par exemple, peut survenir lors d'un impact sans présence de plaie.

2. a, b, c et d.
On peut également observer des paresthésies, des troubles sphinctériens, des défauts de sensibilité, etc.

3. d.
L'IRM est un examen qui utilise la résonance magnétique nucléaire, qui est donc non invasif. Il permet de réaliser des coupes dans tous les plans avec une définition quasi anatomique des parties molles. Il s'avère adapté dans la recherche étiologique et dans l'étude pronostique du traumatisme rachidien avec atteinte médullaire.
En revanche, pour l'étude des structures osseuses, le scanner rachidien reste nettement supérieur à l'IRM et permet de mieux apprécier les lésions osseuses.

4. c.
Le score de Glasgow (Glasgow Coma Scale, GCS) est avant tout un indicateur de l'état de conscience.
Le score de Magerl sert à classer les fractures rachidiennes en fonction du mécanisme et de la gravité traumatique.

Le score ASA (*American Society of Anesthesiologists*) est utilisé en médecine pour exprimer l'état de santé pré-opératoire d'un patient. Il permet d'évaluer le risque anesthésique et d'obtenir un paramètre prédictif de mortalité et de morbidité péri-opératoire.

5. d.

Une section de la moelle épinière n'est pas réparable. Le handicap est donc définitif.

6. a, b et c.

L'aide à l'acceptation du handicap est prématurée lors de la phase hospitalière. Il y a un changement fondamental du schéma corporel qui implique un processus de deuil. L'IDE va plutôt s'attacher à identifier à quel étape du processus le patient se situe et l'accompagnera en fonction de cette observation. Selon les auteurs, il existe de cinq à sept étapes dans le deuil. Pour le docteur Elizabeth Kübler-Ross (1926-2004), il y a cinq étapes successives : déni, colère, marchandage, dépression, acceptation. Pour d'autres chercheurs, sept étapes linéaires se succèdent : choc, déni, colère et marchandage, tristesse, résignation, acceptation, reconstruction.

Étude de cas

Éléments d'équipement	Objectifs
Télécommande multiusage (appel malade, TV, etc.)	Sécurité, confort et ergonomie
Téléphone	Confort
Lit médicalisé électrique	Confort et ergonomie
Matelas anti-escarre	Prévention des complications de décubitus
Coussin de positionnement à décharge talonnière	Prévention des escarres, maintien de l'alignement orthopédique des membres inférieurs et limitation de l'angle d'ouverture au niveau des genoux
Potence de lit	Confort
Literie propre (linge plat/protections, etc.)	Confort et hygiène
Prévoir les barrières si PM	Sécurité
Arceaux de lit	Prévention des complications de décubitus
Support pour sac à urines	Hygiène
Bocal à urines étiqueté aux nom et prénom du patient	Hygiène et suivi de la diurèse

Potence à perfusion	Sécurité et ergonomie
Support porte drain	Hygiène
Deux cuvettes pour la toilette au lit	Hygiène et confort
Bassin désinfecté	Hygiène et confort
Matériel de surveillance des paramètres vitaux (TA, pouls, SaO2, FR, ECG) en fonction des PM	Sécurité
Matériel d'oxygénothérapie en fonction des PM	Sécurité

Les traumatismes crâniens

QCM

1. a, **b** et **c**.

En effet, l'os iliaque se trouve au niveau de la hanche et avec le sacrum et le coccyx, il forme le bassin.

2. b et **c**.

60 % des victimes de traumatisme crânien sont de sexe masculin et une fois sur deux ont moins de 30 ans.

De même, les personnes âgées constituent une population à risque, celui-ci augmentant avec l'entrée en dépendance.

3. a et **b**.

Les complications d'une commotion cérébrale sont avant tout d'ordre hémorragique.

4. c.

Il est important de connaître parfaitement cette échelle de Glasgow afin d'éviter les erreurs d'appréciation.

5. a, **c** et **d**.

Des troubles de l'appétit ne sont pas à considérer comme une séquelle neurologique, c'est davantage des troubles de la déglutition qui sont présents.

6. b, **c** et **d**.

La réponse a. n'est pas acceptable en regard de la formulation de la question qui est focalisée sur l'action éducative infirmière.

En revanche, deux axes complémentaires peuvent être envisagés, à savoir la recherche de solutions adaptées au niveau du handicap et l'accompagnement vers l'acceptation du handicap.

QROC

Le rôle infirmier consiste à donner aux parents d'un enfant victime d'un TC léger les éléments de conduite à tenir, en cas de signes d'aggravation :
– ne pas s'affoler, garder son sang-froid pour éviter les « sur-accidents » liés à la panique ;
– si l'enfant est inconscient, un transfert médicalisé est obligatoire : il est nécessaire d'appeler le 15 (SAMU) ;
– si l'enfant est conscient, prévenir le service, l'IDE et le médecin qui ont vu l'enfant afin de préparer son accueil ;
– ensuite amener immédiatement l'enfant au service des urgences ;
– durant le trajet : le laisser en position assise s'il est conscient ou le mettre sur le côté s'il devient inconscient, ne pas conduire trop vite, respecter le code de la route.

Les traumatismes thoraciques fermés

QCM

1. a, **b** et **c**.
L'absence d'épanchement pleural liquidien n'est pas un facteur de gravité. C'est, au contraire, un signe de bon pronostic.

2. a, **b** et **d**.
La chute de la pression artérielle est un signe de détresse circulatoire.

3. b.
Une fréquence respiratoire supérieure à 16 cycles/min est une tachypnée.
Une fréquence cardiaque supérieure à 90 bat/min est une tachycardie.
Une fréquence cardiaque inférieure à 50 bat/min est une bradycardie.

4. b.
Un pneumothorax est provoqué par une lésion de la plèvre qui crée un épanchement d'air.
Une contusion pulmonaire est une plaie du parenchyme pulmonaire ; elle est liée à un traumatisme (dans la moitié des cas à un volet thoracique).
Une rupture diaphragmatique est une brèche musculaire consécutive à une surpression abdominale entraînant un éclatement de la coupole diaphragmatique.

5. a.
Le dispositif du drainage thoracique fonctionne avec un cathéter pleural et un système d'aspiration.

6. a.
Une bronchite chronique obstructive ou une pneumopathie peuvent être des complications mais à long terme seulement. De plus, ce ne sont pas des complications majeures.

QROC

Le drainage thoracique consiste à introduire un drain dans l'espace pleural pour évacuer tout épanchement. Cela permet de rétablir une pression négative dans la cavité pleurale et de ramener la surface du poumon à la paroi thoracique.
Il est indiqué dans le pneumothorax et dans l'hémothorax.

Les traumatismes abdominaux

QCM

1. c.
Les chutes de grande hauteur et les accidents de ski sont également des causes de traumatismes abdominaux, mais moins fréquemment que les accidents de la circulation.

2. b.
Effectivement, la rate est l'organe le plus touché dans les traumatismes abdominaux (46 %), puis le foie suit (33 %). L'estomac et la vésicule sont beaucoup moins touchés (2 %).

3. a, c et d.
Dans les traumatismes abdominaux, il ne s'agit pas de l'auscultation pulmonaire mais bien de l'auscultation abdominale pour rechercher une occlusion réflexe ou l'existence de bruits intestinaux anormaux.

4. b et c.
L'éventration est une complication tardive.

5. b et c.
L'ASP fait partie des examens en imagerie abdominale mais il ne constitue pas l'examen de prédilection dans les traumatismes abdominaux.
La radiographie du bassin va exclusivement rechercher une fracture pelvienne.

QROC

La conduite à tenir lors d'un traumatisme abdominal chez une femme enceinte est :
– d'évaluer l'état maternel sur le plan général (état hémodynamique, bilans sanguin et radiologique) et obstétrical (examen du col et des contractions utérines) ;
– d'évaluer les conséquences fœtales du traumatisme (échographie obstétricale, recherche des bruits du cœur, etc.) ;

– si le traumatisme est bénin, une surveillance de 24 heures à l'hôpital est indiquée avec la rédaction d'un certificat initial et une tocolyse si des contractions utérines sont significatives ;
– si le traumatisme est grave, une exploration chirurgicale sera pratiquée (laparotomie avec plus ou moins césarienne en fonction de la date du terme de la grossesse).

Les polytraumatismes

QCM

1. a.
Le myosis est un rétrécissement de la pupille, l'anisocorie est une inégalité pupillaire. La chute de la paupière s'appelle une ptose.

2. a, c et d.
La côte saigne beaucoup moins que les autres organes : 150 mL.

3. a, c et d.
La réponse sensitive n'est pas évaluée.

4. a, c et d.
La TDM est effectuée lors du bilan secondaire, lorsque le patient est stabilisé.

5. b.
L'examen clinique n'est fiable que chez 50 % des polytraumatisés conscients.

6. c et d.
En cas d'urgence, et en l'absence des parents, l'opération chirurgicale peut être réalisée sous la responsabilité du directeur de l'établissement et du procureur de la République.

QROC

L'approche ABCDEF est centrée sur les besoins physiologiques de la victime selon le principe du « traiter en premier ce qui tue en premier ». Elle est souvent utilisée par les secouristes sur les lieux d'accident.

UE 2.10

INFECTIOLOGIE
ET HYGIÈNE

Rappels des objectifs et contenus

Objectif 1

Décrire les mécanismes d'action des agents infectieux

Objectif 2

Identifier les règles d'hygiène utilisées dans les établissements de soins et en **argumenter** l'usage.

UE 2.10
Infectiologie, hygiène

Éléments de contenu :

- Les agents infectieux :
  - les bactéries, virus, champignons, parasites, agents transmissibles non conventionnels ;
  - l'écologie microbienne ;
  - les mécanismes d'action des agents infectieux sur l'organisme humain : la relation hôte-agent infectieux, les modes de transmission, les facteurs de sensibilité, la notion de résistance.
- La structure générale du système immunitaire :
  - les lymphocytes et leurs modes d'action ;
  - l'action du système immunitaire, l'auto-immunité, les allergies, les déficits immunitaires, la compatibilité foeto-maternelle.
- Les infections afférentes aux soins : épidémies, épidémies iatrogènes, coût des infections, impact social...
- Les règles d'hygiène : hygiène hospitalière, hygiène des mains, habillage professionnel, circuits propres et sales dans les établissements des soins.
- Les moyens de lutte contre l'infection :
  - pré-désinfection, nettoyage, désinfection, décontamination, stérilisation ;
  - précautions standard et précautions complémentaires, isolement protecteur ;
  - protocoles d'hygiène ;
  - règles de fonctionnement à domicile ou en collectivité.

Développement de la compétence 3

« Accompagner une personne dans la réalisation de ses soins quotidiens »

Travail écrit individuel d'analyse d'une situation rencontrée en stage.

Auto-évaluation

Complétez les encadrés vides relatifs aux étapes de l'infection.

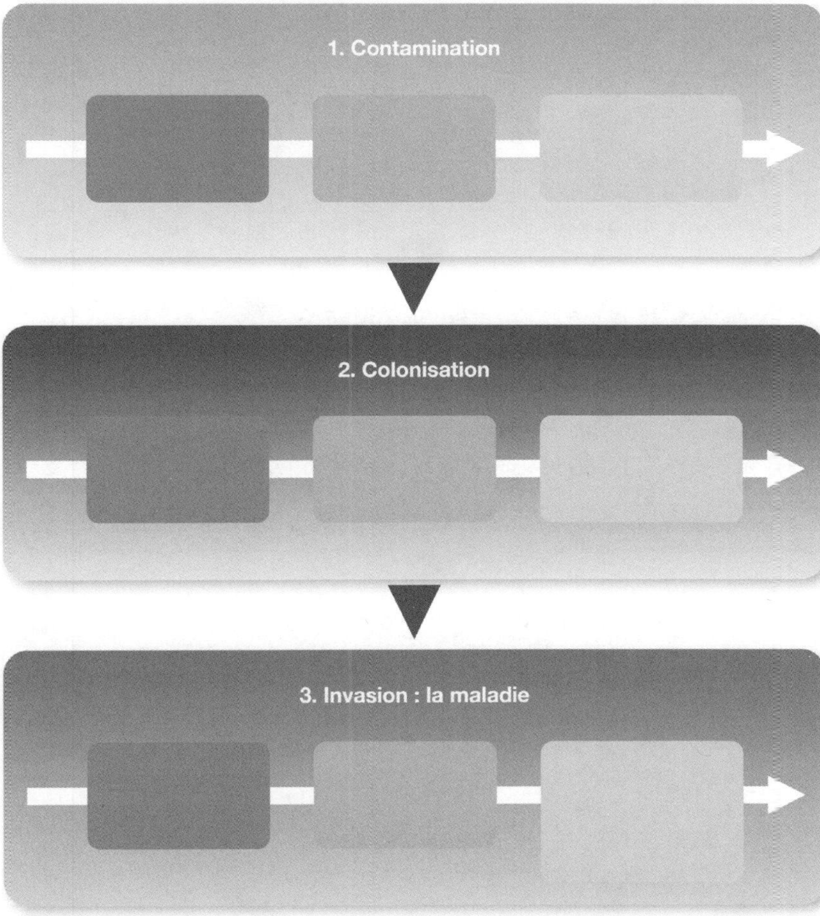

Corrigé

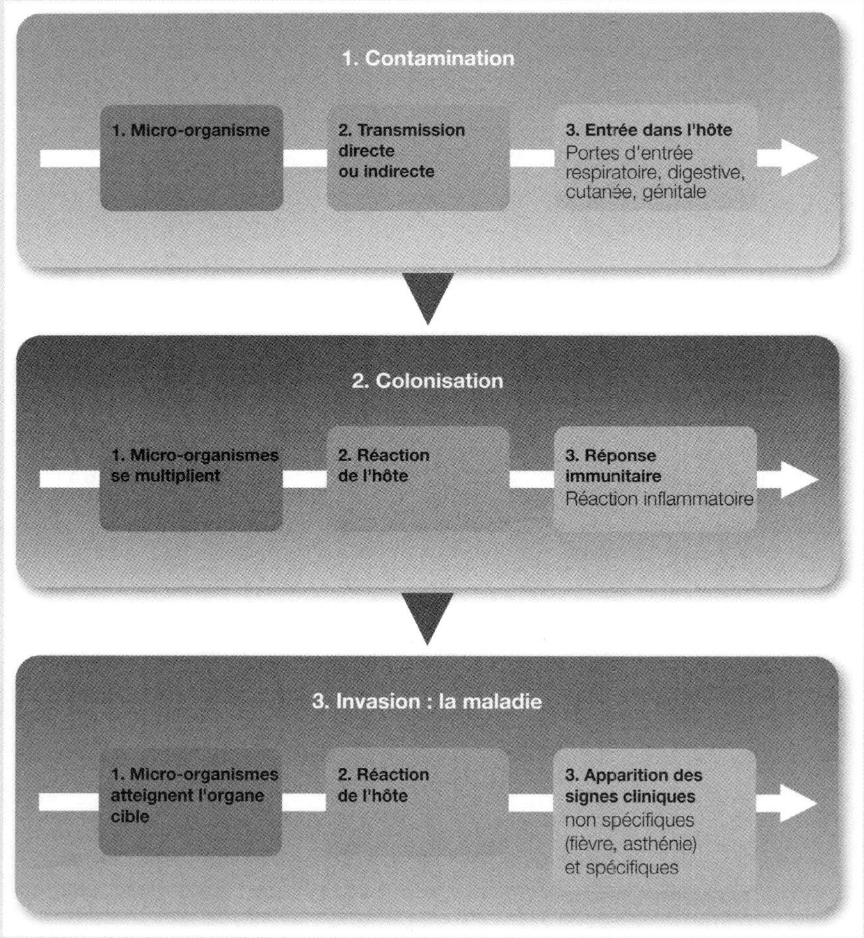
1. Contamination
1. Micro-organisme
2. Transmission directe ou indirecte
3. Entrée dans l'hôte
Portes d'entrée respiratoire, digestive, cutanée, génitale
2. Colonisation
1. Micro-organismes se multiplient
2. Réaction de l'hôte
3. Réponse immunitaire
Réaction inflammatoire
3. Invasion : la maladie
1. Micro-organismes atteignent l'organe cible
2. Réaction de l'hôte
3. Apparition des signes cliniques
non spécifiques (fièvre, asthénie) et spécifiques

Entraînements

Classification des agents infectieux

QCM

lienmini.fr/S1-QCM41

Au moins l'une des réponses proposées est exacte.

1. Quel type de bandelette urinaire donne les deux paramètres concernant l'infection urinaire ?

❍ **a.** pH, leucocytes, nitrite, glucose, cétone, protéine, sang.
❍ **b.** pH, acide ascorbique, urobilinogène, cétone, protéine.
❍ **c.** Leucocytes, glucose, sang, bilirubine, cétone.
❍ **d.** Sang, glucose, pH, cétone, nitrite.

2. Quelle affirmation est fausse concernant les infections nosocomiales ?

❍ **a.** C'est une infection chez un patient hospitalisé qui n'était ni présente, ni en incubation à l'entrée du malade.
❍ **b.** Son agent causal peut être une bactérie, un virus, un champignon ou un parasite.
❍ **c.** L'origine du germe peut être exogène ou endogène.
❍ **d.** Les bactéries responsables sont souvent sensibles aux antibiotiques.

3. Concernant les virus :

❍ **a.** ils sont plus petits que les bactéries.
❍ **b.** ils peuvent se reproduire seuls.
❍ **c.** ils sont sensibles aux antibiotiques.
❍ **d.** leur principal réservoir est l'être humain.

4. Concernant l'aspergillose pulmonaire :

❍ **a.** elle met en jeu le pronostic vital.
❍ **b.** l'agent infectieux est l'aspergillus.
❍ **c.** elle est transmise par les pigeons.
❍ **d.** les patients à risques sont les immunodéprimés.

5. Un bon prélèvement bactériologique :

❍ **a.** nécessite une asepsie rigoureuse.
❍ **b.** doit se faire avant toute antibiothérapie.
❍ **c.** doit s'accompagner d'une fiche de renseignement clinique.
❍ **d.** peut être conservé plusieurs jours à température ambiante.
❍ **e.** doit s'acheminer le plus tôt possible au laboratoire.

6. L'antibiothérapie :

❍ **a.** influe sur la flore colique.
❍ **b.** ne cible que la bactérie provoquant l'infection concernée.

❍ **c.** sélectionne des bactéries naturellement résistantes.
❍ **d.** diminue l'effet barrière de la flore commensale.

Étude de cas

Mme X. entre ce matin dans le service pour une pyélonéphrite. Elle vient d'une maison de retraite. Elle est venue plusieurs fois à l'hôpital pour la même raison cette année et a fait un séjour en réanimation. À sa dernière hospitalisation, elle était porteuse d'une BMR.
Dès son arrivée, Mme X. est placée dans une chambre individuelle et les précautions complémentaires de type contact sont mises en place.
Des prélèvements par écouvillonnage nasal et rectal sont effectués.

1. Que signifie le sigle BMR ?

2. Comment Mme X. a-t-elle pu devenir porteuse de ce type de bactérie ?

3. Pourquoi prend-on des précautions complémentaires de type contact ?

Généralités sur le système immunitaire

QCM lienmini.fr/S1-QCM42

Au moins l'une des réponses proposées est exacte.

1. Un anticorps produit lors d'une réaction immunitaire acquise :
❍ **a.** est spécifique à un antigène.
❍ **b.** est chargé de lutter contre tous les agents pathogènes rencontrés.
❍ **c.** a pour rôle de détruire tous les micro-organismes étrangers.
❍ **d.** participe à l'élimination d'un micro-organisme ciblé.

2. On peut acquérir une immunité par :
❍ **a.** l'ingestion d'antibiotiques.
❍ **b.** l'ingestion de corticoïdes.
❍ **c.** la vaccination.
❍ **d.** la sérothérapie.
❍ **e.** la contraction de la maladie.
❍ **f.** on ne le peut pas.

3. Les signes cliniques de la réaction inflammatoire sont :
❍ **a.** pâleur, chaleur, douleur, œdème.

❍ **b.** pâleur, sueur, douleur, œdème.
❍ **c.** rougeur, chaleur, douleur, œdème.
❍ **d.** rougeur, chaleur, pus, œdème.
❍ **e.** rougeur, chaleur, douleur, pus.

4. Lors d'un bilan/diagnostic allergique, l'immunoglobuline régulièrement dosée est :

❍ **a.** l'IgG.
❍ **b.** IgM.
❍ **c.** l'IgA.
❍ **d.** IgE.

5. Quelles sont les fonctions d'un anticorps ?

❍ **a.** L'activation du complément.
❍ **b.** La neutralisation du système du complément.
❍ **c.** La neutralisation d'un antigène.
❍ **d.** L'activation des macrophages.
❍ **e.** L'osponisation.
❍ **f.** La neutralisation des macrophages.

6. Les cellules capables de détruire des antigènes cibles en libérant une substance chimique nommée perforine sont :

❍ **a.** les lymphocytes tueurs.
❍ **b.** les lymphocytes auxiliaires.
❍ **c.** les lymphocytes T cytotoxiques.
❍ **d.** les CD4.
❍ **e.** les CD8.

Étude de cas

En taillant des rosiers dans son jardin, madame Violette se plante une épine dans le majeur de la main droite. Une heure plus tard, elle peut observer une rougeur au point de piqûre. Ce symptôme est du à un afflux massif de sang au niveau de la blessure.

Expliquez brièvement l'intérêt de cet afflux sanguin qui signe la réaction inflammatoire.

Dysfonctionnements du système immunitaire

QCM

lienmini.fr/S1-QCM43

Au moins l'une des réponses proposées est exacte.

1. Dans l'auto-immunité, le système immunitaire réagit :
❍ **a.** aux constituants d'organismes extérieurs.
❍ **b.** aux constituants de son propre organisme.
❍ **c.** à aucun organisme.
❍ **d.** aux constituants d'organismes extérieurs et de son propre organisme.

2. Les déficits immunitaires primaires sont :
❍ **a.** des pathologies dont on ne peut pas guérir.
❍ **b.** des pathologies dont le diagnostic ne peut avoir lieu qu'à l'âge adulte.
❍ **c.** un groupe de pathologies génétiques.
❍ **d.** responsables d'une susceptibilité accrue aux infections.

3. Peuvent alerter sur un probable déficit immunitaire primaire :
❍ **a.** des épisodes de forte fièvre.
❍ **b.** une anémie.
❍ **c.** une diarrhée chronique avec perte de poids.
❍ **d.** un cas d'immunodéficience dans la famille.
❍ **e.** des courbatures musculaires.
❍ **f.** au moins deux infections sévères dans l'année.

4. Peuvent aboutir à un déficit immunitaire acquis :
❍ **a.** le diabète sucré.
❍ **b.** l'anémie.
❍ **c.** l'infection par le VIH.
❍ **d.** la malnutrition.
❍ **e.** l'obésité.
❍ **f.** la pneumonie.
❍ **g.** la tuberculose.

5. Les deux phases du mécanisme allergique sont :
❍ **a.** la propagation et la désensibilisation.
❍ **b.** la sensibilisation et la granulation.
❍ **c.** la sensibilisation et la dégranulation.
❍ **d.** la désensibilisation et la dégranulation.
❍ **e.** la propagation et la granulation.

6. Quelle manifestation allergique est une urgence vitale ?
❍ **a.** Des boutons.
❍ **b.** Un choc anaphylactique.

❍ **c.** Des problèmes respiratoires.
❍ **d.** Une conjonctivite.

Étude de cas

Mme A., âgée de 22 ans, est consultante au pôle mère-enfant de l'hôpital dans lequel vous exercez comme infirmier ou infirmière. Elle s'est rendue par ses propres moyens aux urgences obstétricales suite à une hémorragie à domicile. Elle est enceinte de 8 semaines et attend son deuxième enfant. Elle est de groupe sanguin A négatif et n'avait jusqu'alors aucun problème de santé ni antécédent médical à type d'hémorragie, grossesse extra-utérine ou fausse couche.
Elle a apporté les résultats de son dernier bilan sanguin prescrit par son gynécologue 15 jours auparavant.

1. Quel examen obligatoire au cours de la grossesse afin de dépister une incompatibilité fœto-maternelle doit figurer dans le bilan sanguin apporté par Mme A. ?

2. De quelle prophylaxie de l'immunisation anti-D Mme A. va-t-elle bénéficier ?

Relation hôte-agent infectieux et modes de transmission

QCM

lienmini.fr/S1-QCM44

Au moins l'une des réponses proposées est exacte.

1. L'incubation est la période comprise entre :
❍ **a.** la réaction inflammatoire et l'apparition des signes cliniques.
❍ **b.** la contamination et l'apparition des signes cliniques.
❍ **c.** l'apparition des signes cliniques et la guérison.
❍ **d.** la colonisation et l'infection.

2. La période de contagiosité :
❍ **a.** comprend l'incubation et la période symptomatique de la maladie.
❍ **b.** comprend le temps entre l'incubation et la guérison.
❍ **c.** comprend le temps entre la contamination et la guérison.
❍ **d.** peut comprendre toutes ces périodes selon le micro-organisme impliqué.

3. La période d'invasion correspond à :
❍ **a.** l'entrée des micro-organismes dans l'hôte.
❍ **b.** la multiplication des micro-organismes.

❍ **c.** l'apparition de signes cliniques non spécifiques à la maladie.
❍ **d.** l'apparition de signes cliniques spécifiques à la maladie.

4. La période d'état correspond à :
❍ **a.** l'entrée des micro-organismes dans l'hôte.
❍ **b.** la multiplication des micro-organismes.
❍ **c.** l'apparition de signes cliniques non spécifiques à la maladie.
❍ **d.** l'apparition de signes cliniques spécifiques à la maladie.

5. Les signes cliniques de l'infection sont, entre autres :
❍ **a.** le pus.
❍ **b.** la fièvre.
❍ **c.** l'hyperleucocytose.
❍ **d.** l'augmentation du taux de protéine C-réactive.

6. Les conséquences de la résistance aux antibiotiques sont :
❍ **a.** des infections nosocomiales plus graves.
❍ **b.** l'apparition de bactéries hautement résistantes.
❍ **c.** une colonisation de l'hôte pouvant durer des mois.
❍ **d.** des risques de difficulté de traitement.

Étude de cas

Madame B., 76 ans, est admise au service d'accueil des urgences pour diarrhée fébrile : elle émet environ dix selles non sanglantes par jour, sa température est de 38,8 °C.
À l'interrogatoire, la patiente dit avoir mal au ventre et des frissons.
Elle vous explique également qu'elle a terminé il y a environ une semaine un traitement antibiotique prescrit pour une sinusite.

1. Quels sont les deux facteurs de risque liés à l'hôte que l'on retrouve dans cette situation ?

2. Le diagnostic est une infection à *Clostridium difficile* liée à la prise d'antibiotique. Ce micro-organisme peut faire partie de la flore digestive de l'être humain.

Dans cette situation, comment qualifie-t-on cette bactérie ?

3. Quelle est l'origine de cette infection ?

QCM

lienmini.fr/S1-QCM45

Au moins l'une des réponses proposées est exacte.

1. Le port d'une surblouse ou d'un tablier plastique est recommandé lors de :

❍ **a.** l'aspiration bronchique.
❍ **b.** la prise de tension artérielle.
❍ **c.** la réalisation d'une toilette complète.
❍ **d.** la dépose de médicaments chez un patient BMR.
❍ **e.** la désinfection par trempage d'un endoscope.

2. Je porte systématiquement des gants :

❍ **a.** lors du retrait d'un pansement.
❍ **b.** si mes mains présentent des lésions cutanées.
❍ **c.** lors de la réfection d'un lit.
❍ **d.** lors du nettoyage d'un matériel souillé.

3. Après avoir jeté des gants à usage unique poudré, vous pratiquez :

❍ **a.** un lavage simple avec de la Bétadine® Scrub.
❍ **b.** une FHA (friction hydro-alcoolique).
❍ **c.** un lavage simple au savon doux.
❍ **d.** aucun geste d'hygiène des mains.

4. Quelle doit-être la durée d'une friction des mains ?

❍ **a.** Il n'y a pas de durée minimale.
❍ **b.** Jusqu'à séchage complet des mains.
❍ **c.** Au moins 30 secondes.
❍ **d.** Au moins 20 secondes.
❍ **e.** Entre 20 et 30 secondes.

5. Quelles affirmations sont fausses ?

❍ **a.** Je réalise une FHA après avoir mis un masque.
❍ **b.** Je ne mets pas de gants pour prendre la tension chez un patient relevant des précautions complémentaires de type contact (PCTC).
❍ **c.** Je réalise une FHA après un contact chez un patient porteur de *Clostridium difficile*.
❍ **d.** Le port de gants remplace l'hygiène des mains.

6. Concernant le port du masque chirurgical :

❍ **a.** il doit être changé toutes les 3 heures en cas de port continu.
❍ **b.** il peut être gardé toute la journée autour du cou.
❍ **c.** il doit être jeté immédiatement après le soin.
❍ **d.** il protège son porteur dans toutes les situations.

QROC

On donne ci-dessous :

– cinq propositions, **A** à **E**, de « Quand ? » :

Le professionnel pratique l'hygiène des mains :

A. immédiatement après avoir été exposé potentiellement ou effectivement à un liquide biologique.

B. immédiatement lorsqu'il quitte le patient après l'avoir touché.

C. immédiatement avant d'exécuter un geste aseptique.

D. lorsqu'il quitte la chambre du patient après avoir touché des surfaces et objets même sans avoir touché le patient.

E. lorsqu'il s'approche du patient pour le toucher.

– trois propositions, I à III, de « Pourquoi ? » :

Pour protéger…

I. le patient de l'inoculation de germes, y compris ceux provenant de son propre corps.

II. le professionnel et l'environnement de soins des germes.

III. le patient des germes transportés par les mains du professionnel.

• Complétez le tableau suivant.

Les cinq propositions A à E sont utilisées et l'une des propositions I à III est utilisée plusieurs fois.

Les cinq indications d'hygiène de mains OMS			
1	Avant le contact patient	Quand ?	
		Pourquoi ?	
2	Avant le geste aseptique	Quand ?	
		Pourquoi ?	
3	Après le risque d'exposition à un liquide biologique	Quand ?	
		Pourquoi ?	
4	Après le contact patient	Quand ?	
		Pourquoi ?	
5	Après le contact avec l'environnement du patient	Quand ?	
		Pourquoi ?	

QCM

lienmini.fr/S1-QCM46

Au moins l'une des réponses proposées est exacte.

1. L'eau bactériologiquement maîtrisée :

❍ **a.** est de l'eau stérile.
❍ **b.** est utilisée pour le lavage chirurgical des mains.
❍ **c.** est obtenue grâce à la mise en place d'un filtre antibactérien.
❍ **d.** ne peut pas être bue.

2. Cela fait une semaine que monsieur X. n'a plus d'oxygène, le matériel est resté dans sa chambre. Ce matin, il présente une désaturation qui nécessite à nouveau de l'oxygène. Il reste de l'eau dans l'humidificateur ouvert depuis 15 jours.

❍ **a.** Vous gardez l'humidificateur.
❍ **b.** Vous le changez.
❍ **c.** Vous le complétez avec de l'eau stérile.
❍ **d.** Vous le complétez avec de l'eau du réseau.

3. Le biofilm :

❍ **a.** se développe sur une surface propre.
❍ **b.** est éliminé grâce au détergent.
❍ **c.** protège les bactéries de l'action des désinfectants.
❍ **d.** est constitué de couches successives de micro-organismes.

4. Concernant la gestion du linge propre :

❍ **a.** premier entré, premier utilisé.
❍ **b.** le film plastique doit être retiré dès l'arrivée du linge dans le service.
❍ **c.** le linge propre est manipulé avec des mains propres.
❍ **d.** seule la quantité de linge nécessaire entre dans la chambre.

5. Concernant l'évacuation du linge sale :

❍ **a.** un pré-tri est effectué à la source.
❍ **b.** le linge sale ne doit pas toucher la tenue.
❍ **c.** une FHA est réalisée avant la manipulationdu linge sale.
❍ **d.** le linge sale peut être déposé au sol.

6. Les déchets à éliminer dans la filière des déchets à risques infectieux sont :

❍ **a.** les poches d'aspiration digestive.
❍ **b.** les changes complets des patients incontinents.
❍ **c.** les poches à urine vides.
❍ **d.** les draps de consultation en papier.

QROC

Votre cadre vient de vous annoncer la réalisation d'un choc thermique. Le début de l'opération est prévu pour 17 h 00.

1. Que signifie cette annonce ?

2. En quoi consiste un choc thermique ?

3. Quelles sont les mesures à prendre ?

Étude de cas

Vous effectuez votre stage de santé publique auprès d'une infirmière occupant un poste transversal dans un hôpital. Ce matin, elle prend connaissance des résultats d'analyses environnementales transmises par le laboratoire et notamment celles des points d'usage d'eau bactériologiquement maîtrisée (EBM), d'eau pour soins standard (EPSS), d'eau à usage alimentaire. L'établissement étant en période de travaux, des analyses ont été effectuées en réanimation concernant la surveillance aspergillaire.
Un appel du chef de service de biologie, membre de l'équipe opérationnelle d'hygiène, l'informe que le taux de légionelle dans les dernières analyses a dépassé le niveau d'action.

Quel phénomène est redouté lors du dépassement des taux de légionelle ?

Hygiène des supports et des milieux

QCM

lienmini.fr/S1-QCM47

Au moins l'une des réponses proposées est exacte.

1. Un produit antiseptique :
❍ **a.** possède des propriétés antibactériennes.
❍ **b.** a le statut des dispositifs médicaux.
❍ **c.** s'utilise uniquement sur peau saine.
❍ **d.** a le statut de médicament.

2. Un antiseptique peut :
❍ **a.** inactiver les bactéries.
❍ **b.** tuer les bactéries.
❍ **c.** inactiver les virus.

❍ **d.** tuer les virus.
❍ **e.** inactiver les champignons.
❍ **f.** tuer les champignons.

3. Les bonnes pratiques de gestion des antiseptiques proposent :
❍ **a.** de garder une monodose après utilisation pour le même patient.
❍ **b.** leur rangement dans le placard ou l'armoire dédiée aux produits d'entretien.
❍ **c.** de nettoyer l'extérieur des flacons fermés par essuyage humide à l'aide d'un détergent-désinfectant.
❍ **d.** de commander préférentiellement les gros conditionnements plus économiques.

4. Un prélèvement sanguin nécessite une antisepsie cutanée du patient :
❍ **a.** en 1 temps.
❍ **b.** en 2 temps.
❍ **c.** en 4 temps.
❍ **d.** en 5 temps.

5. Les produits détergents-désinfectants utilisés pour les sols et les surfaces :
❍ **a.** ne doivent pas être rincés.
❍ **b.** nécessitent le port de gants.
❍ **c.** sont les mêmes que ceux utilisés pour la prédésinfection des instruments.
❍ **d.** ne nécessitent pas de temps de contact particulier : ils agissent instantanément.

6. La prédésinfection est une étape préalable à :
❍ **a.** l'antisepsie.
❍ **b.** la désinfection.
❍ **c.** la stérilisation.
❍ **d.** aucune de ces actions.

QROC

Remettez les étapes de l'antisepsie dans l'ordre chronologique.

a : 1re application d'une solution antiseptique.
b : Rinçage à l'eau stérile ou au sérum physiologique.
c : Détersion de la peau avec savon doux ou scrub.
d : Séchage avec compresses stériles.
e : 2e application d'une solution antiseptique.

Précautions standard et précautions complémentaires

QCM

lienmini.fr/S1-QCM48

Au moins l'une des réponses proposées est exacte.

1. Les précautions standard sont respectées :
❍ **a.** pour tout patient.
❍ **b.** seulement pour les patients infectés par le VIH.
❍ **c.** par tous les soignants.
❍ **d.** par les soignants uniquement au contact de patients infectés ou potentiellement infectés.

2. En cas de toux suspectée d'origine infectieuse, il convient de faire porter au patient un masque chirurgical :
❍ **a.** dès son admission.
❍ **b.** lorsqu'il sort de sa chambre pour se rendre à un examen.
❍ **c.** lorsqu'il sort de sa chambre pour aller prendre un café.
❍ **d.** en tout lieu et à tout instant.

3. Il est recommandé d'organiser les soins pour un même patient :
❍ **a.** en série, dans l'ordre de la prescription.
❍ **b.** du plus contaminant au plus propre.
❍ **c.** du plus propre au plus contaminant.
❍ **d.** peu importe l'ordre.

4. À la fin de l'hospitalisation d'un patient, il convient de :
❍ **a.** jeter le matériel non utilisé et stocké dans la chambre.
❍ **b.** ne pas jeter systématiquement le matériel non utilisé et stocké dans la chambre.
❍ **c.** jeter les flacons de PHA ouverts.
❍ **d.** ne pas jeter systématiquement les flacons de produit hydro-alcoolique (PHA).

5. Le transport de linges souillés par des liquides biologiques s'effectue :
❍ **a.** dans des sacs hydrosolubles.
❍ **b.** dans des sacs étanches.
❍ **c.** dans des sacs rouges.
❍ **d.** dans des sacs jaunes.

6. La conduite à tenir en cas d'AES sur coupure au niveau d'un doigt est :
❍ **a.** nettoyage puis trempage immédiat dans le Dakin®.
❍ **b.** nettoyage puis trempage immédiat dans la Bétadine® jaune.
❍ **c.** nettoyage puis trempage immédiat dans une solution de chlorexhidine.
❍ **d.** nettoyage puis trempages successifs dans la chlorexhidine puis la Bétadine®.

QROC

Complétez le tableau suivant en indiquant le(s) mode(s) de transmission correspondant à chaque maladie.

Transmission type	gouttelettes	air	contact
Grippe			
Rougeole			
Rotavirus			
Gale			
Méningite			
Varicelle			

Protocoles d'hygiène

QCM

lienmini.fr/S1-QCM49

Au moins l'une des réponses proposées est exacte.

1. Concernant l'asepsie et l'antisepsie :

❍ **a.** le but de l'asepsie est de ne pas apporter de germes sur le lieu ciblé.

❍ **b.** l'asepsie est le contraire de l'antisepsie.

❍ **c.** le but de l'antisepsie est de diminuer les germes sur le site ciblé.

❍ **d.** ce sont des techniques complémentaires pour prévenir le risque infectieux.

2. La chronologie de l'habillage chirurgical correct est :

❍ **a.** masque, casaque stérile, calot, gants stériles.

❍ **b.** calot, masque, casaque stérile, gants stériles.

❍ **c.** gants stériles, casaque stérile, masque, calot.

❍ **d.** casaque stérile, calot, gants stériles, masque.

3. Les portes d'entrée des infections peuvent être :

❍ **a.** respiratoires.

❍ **b.** génitales.

❍ **c.** cutanées.

❍ **d.** parentérales.

4. Concernant les mécanismes de contamination du cathéter :

❍ **a.** il y a trois mécanismes de contamination.

❍ **b.** la contamination se fait par l'intérieur de la lumière du cathéter.
❍ **c.** la contamination des solutés est fréquente.
❍ **d.** la contamination se produit au moment de la pose.

5. Quelle(s) affirmation(s) est (sont) fausse(s) ?
❍ **a.** Le respect du système clos ne concerne que les sondes urinaires.
❍ **b.** Les infections endogènes sont provoquées par la flore du patient.
❍ **c.** La désinfection des bouchons de flacons injectables n'est pas recommandée.
❍ **d.** Les robinets de perfusion ne doivent pas être laissés sans bouchon.

6. Les tubulures de perfusion sont changées :
❍ **a.** après chaque transfusion.
❍ **b.** toutes les 24 heures pour le glucosé à 5 %.
❍ **c.** toutes les 72 heures pour les cathéters veineux périphériques.
❍ **d.** toutes les 96 heures pour l'alimentation parentérale.

Étude de cas

Infirmière en orthopédie, vous accueillez monsieur X., qui vient des urgences. Ce patient a fait une chute de parapente sur la plage. Il est porteur d'un cathéter veineux périphérique (CVP) posé sur place par les pompiers.

1. Quelle préparation cutanée requiert la pose d'un CVP ?

2. Quelle précaution doit-on prendre par rapport au CVP posé en urgence ?

Organisation de la lutte contre les IAS

QCM

lienmini.fr/S1-QCM50

Au moins l'une des réponses proposées est exacte.

1. Le sigle IAS signifie :
❍ **a.** infection avec les soins.
❍ **b.** intérêt accordé aux soins.
❍ **c.** infections associées aux soins.
❍ **d.** interférences avec les soins.

2. Une IAS s'acquiert :
❍ **a.** lors de soins à l'hôpital.
❍ **b.** au moins 48 heures après un soin.
❍ **c.** lors de la pose d'une sonde urinaire.
❍ **d.** en ville.

3. Quel cas peut être considéré comme une IAS ?

❍ **a.** Une infection chez un patient opéré d'une prothèse totale de hanche il y a 6 mois.

❍ **b.** Un abcès de paroi 5 jours après une appendicite.

❍ **c.** Une pneumonie le jour de l'entrée du patient dans le service.

❍ **d.** Une légionellose 15 jours après la sortie de l'hôpital.

4. La responsabilité de la lutte contre les événements indésirables relève :

❍ **a.** du président du centre de lutte contre les infections nosocomiales (CLIN).

❍ **b.** du directeur d'établissement.

❍ **c.** du président de la commission médicale d'établissement (CME).

❍ **d.** du président de la conférence médicale (CM).

5. Un signalement interne d'une infection nosocomiale peut être fait par :

❍ **a.** un aide-soignant.

❍ **b.** un infirmier.

❍ **c.** un cadre.

❍ **d.** un médecin.

6. Quelles situations répondent aux critères du signalement externe des infections nosocomiales ?

❍ **a.** Une infection nosocomiale causée par un aspergillus.

❍ **b.** Une veinite sur un cathéter veineux périphérique.

❍ **c.** Plusieurs cas de grippe dans l'établissement.

❍ **d.** Un abcès de paroi.

Études de cas

1. Le cas de monsieur Paul

Monsieur Paul (86 ans), patient de cardiologie, a eu un dépistage de BMR le 28 avril. Le 29, le service reçoit une alerte du laboratoire sur une suspicion d'un portage d'ERG. Le 30 avril, le cas est confirmé, il s'agit d'un ERV : *E. faecium* résistant à la vancomycine.

L'EOH (équipe opérationnelle d'hygiène) de l'établissement vient dans le service :

– pour vérifier la mise en place des mesures spécifiques concernant ce cas positif ;

– pour faire une enquête épidémiologique en retraçant l'historique de l'hospitalisation de monsieur Paul.

1. Que sont les bactéries ERG et ERV ?

2. Quelles mesures spécifiques doivent être mises en place ?

3. Que cherche à établir l'EOH lors de l'enquête épidémiologique ?

2. Exposé du cas

Extrait de l'instruction N° DGOS/RH1/2012/317 du 9 août 2012 relative à la mise en œuvre des plans de santé publique dans les programmes de formation initiale des professions paramédicales :

« Les plans de santé publique :

– mettent en exergue les problématiques propres à une pathologie, une population ou un mode de prise en charge afin de structurer et de renforcer les réponses qui doivent y être apportées ;

– apportent des leviers d'amélioration reposant parfois sur la création de dispositifs nouveaux mais surtout sur des changements de pratiques professionnelles et organisationnelles en agissant notamment sur la formation initiale des professionnels paramédicaux ;

– doivent notamment permettre aux professionnels de santé de s'adapter aux nouveaux enjeux : apparition de nouvelles pathologies, évolution épidémiologique (cancers, VIH, tuberculose, etc.), changements démographiques de notre société (vieillissement de la population française) et transfert de technologies. »

Cette instruction liste les plans de santé publique dans différents domaines (plan Alzheimer, développement des soins palliatifs, etc.) et notamment le Plan stratégique national de prévention des infections associées aux soins 2009-2013 et le Plan national d'alerte sur les antibiotiques 2011-2016.

Pourquoi le plan concernant les infections parle-t-il d'infections associées aux soins et non d'infections nosocomiales ?

Corrigés

Classification des agents infectieux

QCM

1. a.
Les deux paramètres sont leucocyte (pus) et nitrite (les nitrates sont transformés en nitrites par certains colibacilles, principal responsable des infections urinaires).
Lorsque les deux marqueurs sont positifs, la suspicion d'infection est confirmée. L'envoi de l'ECBU au laboratoire confirmera et identifiera le micro-organisme responsable.

2. d.
Les bactéries responsables sont souvent sensibles aux antibiotiques.

3. a et **d.**
Les virus sont incapables de se reproduire seuls.

4. a, **b** et **d.**
L'aspergillose pulmonaire est mortelle chez les patients immunodéprimés.

5. a, **b**, **c** et **e.**
Les bactéries continuent à se développer dans le prélèvement.

6. a, **c** et **d.**
L'antibiotique élimine toutes les bactéries sensibles à son action. C'est le spectre d'activité de la molécule.

Étude de cas

1. BMR : bactérie multirésistante aux antibiotiques.
2. Sujette à des infections, elle a bénéficié de traitements antibiotiques qui ont sélectionné dans le tube digestif les bactéries résistantes acquises lors de ces séjours à l'hôpital. Elle a été colonisée et ce portage peut durer très longtemps. Chaque nouveau traitement antibiotique est un facteur de risque de réapparition de ces BMR.
Les patients venant d'EHPAD et ayant eu plusieurs hospitalisations, notamment en réanimation, sont souvent porteurs de BMR.
À l'hôpital, il est conseillé de faire des dépistages systématiques chez les personnes venant d'EHPAD ou ayant fait un séjour en réanimation dans l'année.
3. Le portage de BMR par Mme X est connu. Les BMR ne doivent pas se transmettre au cours des soins. En plus des précautions standard prises par les

soignants chez les patients quel que soit leur statut infectieux, des précautions complémentaires de type contact sont mises en place pour éviter la transmission des BMR (hygiène des mains, placement en chambre individuelle, individualisation du matériel réutilisable, etc.).

Généralités sur le système immunitaire

QCM

1. a et **d**.
L'immunité acquise intervient lorsque l'immunité naturelle ne suffit pas à éliminer un germe.

2. c, **d** et **e**.
L'immunité peut être acquise par un traitement médicamenteux ou une maladie contractée contre laquelle l'organisme a déjà lutté.

3. c.
Rougeur, chaleur, douleur et œdème sont les signes cliniques de la réaction inflammatoire.

4. d.
Un dosage du taux sanguin d'IgE est régulièrement pratiqué lors d'un bilan allergique.

5. a, **c** et **e**.
Les trois grandes fonctions de l'anticorps sont la neutralisation de l'antigène, l'opsonisation et l'activation du complément avec lyse bactérienne.

6. c et **e**.
Lymphocyte T cytotoxique et CD8 désignent la même cellule.

Étude de cas

Lors d'une réaction inflammatoire, un afflux massif de sang permet d'apporter davantage de leucocytes à l'endroit de la blessure, afin de stopper la prolifération des micro-organismes qui auraient pénétré l'organisme.

Dysfonctionnements du système immunitaire

QCM

1. b.
Le processus physiologique de l'auto-immunité permet de réguler l'homéostasie du système immunitaire.

2. c et **d**.
Les déficits immunitaires primaires sont définis comme « un groupe de pathologies génétiques, caractérisées par une atteinte qualitative ou quantitative du système immunitaire, entraînant une susceptibilité accrue aux infections. »

3. a, **c**, **d** et **f**.
L'anémie (item b) et les courbatures musculaires (item e) peuvent être des symptômes observés mais ne sont pas typiques ou annonciatrices forcément d'un déficit immunitaire primaire.

4. a, **c**, **d** et **g**.
Les déficits immunitaires acquis peuvent avoir pour origine une cause iatrogène, des hémopathies malignes et cancers, des troubles métaboliques, des infections ou le vieillissement.

5. c.
La sensibilisation et la dégranulation constituent les deux phases du mécanisme allergique.

6. b.
Le choc anaphylactique.

Étude de cas

1. Le bilan de Mme A. doit comporter une recherche d'agglutinines irrégulières, examen obligatoire au cours de la grossesse.

2. Mme A. va bénéficier d'une injection de gammaglobulines (en intramusculaire ou intraveineuse) dans les 72 h car l'hémorragie est une situation à risque d'allo-immunisation (mise en contact des sangs maternel et fœtal).

Relation hôte-agent infectieux et modes de transmission

QCM

1. b.
La période d'incubation silencieuse se situe entre la contamination et l'apparition des signes cliniques.

2. d.
La contagiosité peut même se prolonger au-delà de la guérison (exemple : typhoïde).

3. c.
Ces signes peuvent être la fièvre, une sensation de malaise et la fatigue.

4. d.
La période d'état correspond à l'apparition de signes spécifiques à la maladie.

5. a et **b**.
L'hyperleucocytose et l'augmentation du taux de protéine C-réactive sont des signes biologiques.

6. a, **b**, **c** et **d**.
La résistance aux antibiotiques peut entraîner des infections nosocomiales graves, des difficultés de traitement, une colonisation longue et l'apparition de bactéries hautement résistantes.

Étude de cas

1. Les facteurs de risque liés à l'hôte sont l'âge de la patiente, 76 ans, et la prise d'antibiotique.

2. Dans cette situation, *Clostridium difficile* est une bactérie pathogène opportuniste.
En dehors de la prise d'un traitement antibiotique qui entraîne une modification de la flore intestinale, le *Clostridium difficile* ne donne aucun signe.

3. Le micro-organisme provient de la flore digestive du patient, l'origine de l'infection est endogène.
La particularité du *Clostridium difficile* est sa résistance dans l'environnement sous forme de spores (origine des rechutes chez un même patient qui peut se trouver « recontaminé » après traitement).
La transmission de ce micro-organisme en milieu hospitalier s'effectue par transmission manuportée ou par le biais de surfaces contaminées.
Des précautions complémentaires de type contact sont mises en place afin d'éviter une transmission. Ces précautions sont d'autant plus im-

portantes que les produits hydro-alcooliques sont inefficaces sur les spores de *Clostridium difficile*. Un lavage simple des mains est effectué pour son effet mécanique sur les spores. Il est suivi d'une friction hydro-alcoolique (FHA) pour son action sur les micro-organismes.

Prévention de la transmission croisée

QCM

1. a, **c** et **e**.

Ces trois situations sont des actes soit à risque de projections, souillants ou mouillants.

La dépose d'un médicament chez un patient BMR n'est pas une indication de port de tablier (d. faux). Dans ce cas, le personnel réalise une FHA (friction hydro-alcoolique) après avoir quitté le patient.

2. a, **b** et **d**.

Le port de gants est indiqué lors de situations à risque de contact avec des liquides biologiques, de manipulation avec du linge souillé.

La réfection « simple » d'un lit ne constitue pas une indication au port de gants (c. faux).

3. c.

Le lavage simple se fait avec un savon doux uniquement détergent.

L'utilisation des savons antiseptiques (Bétadine® Scrub) n'est plus recommandée (a. faux).

L'utilisation des gants poudrés est une des contre-indications à la réalisation d'une friction hydro-alcoolique (FHA) (b. faux).

Le port de gants n'exclut pas l'hygiène des mains (d. faux).

4. e.

Selon les produits, la friction dure de 20 à 30 secondes. L'efficacité de la friction requiert le respect de la durée de contact préconisée selon le produit et une technique en plusieurs temps pour que les mains soient complètement frictionnées.

La friction doit se poursuivre jusqu'à ce que les mains soient sèches.

La dose utilisée pour atteindre ces deux objectifs varie également selon les produits.

5. c et **d**.

Clostridium difficile impose un lavage des mains au savon doux (c).

6. a et **c**.

Le masque peut être porté en continu pendant 3 heures maximum (a), surtout au bloc opératoire pour des interventions longues. Une fois porté, il ne doit plus être manipulé.

Si le masque est porté pour protéger le soignant, la surface extérieure reçoit des projections de gouttelettes au contact du patient, elle est donc contaminée et le garder autour du cou représente un risque de contamination pour le soignant (b. faux).
Si le masque est porté pour protéger le patient, l'intérieur du masque est contaminé par la flore du soignant et les manipulations successives.
Le port d'un masque chirurgical ne concerne que la protection contre la transmission gouttelettes et n'est pas indiqué lors de risque de transmission aérienne (d. faux).

QROC

Les cinq indications d'hygiène de mains OMS			
1	Avant le contact patient	Quand ?	**E**
		Pourquoi ?	**III**
2	Avant le geste aseptique	Quand ?	**C**
		Pourquoi ?	**I**
3	Après le risque d'exposition à un liquide biologique	Quand ?	**A**
		Pourquoi ?	**II**
4	Après le contact patient	Quand ?	**B**
		Pourquoi ?	**II**
5	Après le contact avec l'environnement du patient	Quand ?	**D**
		Pourquoi ?	**II**

Risques liés à l'eau, à l'air et aux surfaces

QCM

1. b et **c**.
La réponse d est fausse, l'eau bactériologiquement maîtrisée est potable.

2. b.
L'humidificateur est ouvert depuis 15 jours et n'a pas été utilisé depuis une semaine. L'eau a stagné, facteur de prolifération des germes.

3. a et **b**.
Le biofilm est un ensemble de micro-organismes immobilisés sur une surface substrat.

4. b.
La protection du linge lorsqu'il est emballé doit être maintenue jusqu'au moment de son utilisation.

5. a et **b**.
Le tri du linge sale se fait dans le service « à la source ». Tout contact avec la tenue doit être évité.

6. a et **c**.
Ces deux déchets sont en contact avec des liquides biologiques.
Les changes complets ne sont pas à risque infectieux en dehors d'un contexte de diarrhée.

QROC

1. Le choc thermique est une action curative effectuée lors de la présence de légionelles en quantité anormale au niveau des réseaux d'eau chaude sanitaire.

2. Le choc thermique est une élévation de la température effectuée sur la production d'eau chaude afin de détruire ou réduire le nombre de légionelles pour atteindre un niveau conforme.
Exemple : élévation à 70 °C et maintien en température pendant 12 h après avoir effectué une purge au niveau des points d'usage.

3. Il faut interdire l'usage des points d'eau car les risques de brûlures sont importants. L'information doit être donnée aux patients et des affiches d'avertissement sont apposées au niveau des douches.

Étude de cas

En cas de dépassement des taux de légionelle, on redoute l'acquisition d'une légionellose nosocomiale par les patients fragiles.

Hygiène des supports et des milieux

QCM

1. a et **d**.
Un antiseptique a la propriété d'éliminer ou de tuer les micro-organismes ou d'inactiver les virus sur des tissus vivants. Destiné à l'antisepsie de la peau saine, des muqueuses et des plaies, il a le statut de médicament.

2. a, **b**, **c**, **d**, **e** et **f**.
Toutes les réponses sont correctes en théorie.
En pratique, l'efficacité d'un antiseptique est définie par son spectre.

3. c.
Les monodoses se jettent après utilisation.
Les flacons doivent être rangés dans une armoire à pharmacie du fait de leur statut de médicaments.
La commande de présentations en doses unitaires ou de petits volumes est privilégiée.

4. a.
Un seul temps et en utilisant un antiseptique alcoolique.

5. a et **b**.
Ce type de produit ne doit pas être rincé et nécessite le port de gants.

6. b et **c**.
La prédésinfection s'effectue avant la désinfection et la stérilisation.

QROC

Les étapes de l'antisepsie dans l'ordre chronologique :
C – B – D – A – E.
C : Détersion de la peau avec un savon doux ou scrub.
B : Rinçage à l'eau stérile ou au sérum physiologique.
D : Séchage avec compresses stériles.
A : 1re application d'une solution antiseptique.
E : 2e application d'une solution antiseptique.

Précautions standard et précautions complémentaires

QCM

1. a et **c**.
Les précautions standard sont également respectées lors de tout soin.

2. a, **b** et **c**.
Le port du masque est nécessaire à son admission et lorsque le patient circule hors de sa chambre.

3. c.
Pour un même patient, il est fortement recommandé d'organiser les soins du plus propre au plus contaminant.

4. b et **d**.
Le consommable entré dans une chambre et non utilisé ne doit pas être jeté systématiquement à la fin de l'hospitalisation du patient, que ce soit dans le cadre des précautions standard (PS) ou des précautions complémentaires de type contact (PCTC).
Dans le cadre d'une utilisation normale, ces produits et matériels peuvent être réutilisés.

5. b.
L'étanchéité du sac prévient la contamination de l'environnement et protège le personnel lors de la collecte des sacs.

6. a.
En cas de coupure au niveau d'un doigt lors d'un AES, il faut désinfecter la plaie par trempage avec du Dakin® pur.

QROC

Transmission type	gouttelettes	air	contact
Grippe	x		x
Rougeole		x	
Rotavirus			x
Gale			x
Méningite	x		
Varicelle		x	x

Protocoles d'hygiène

QCM

1. a, **c** et **d**.
L'asepsie et l'antisepsie sont des techniques complémentaires pour prévenir le risque infectieux.

2. b.
L'habillage commence par la pose du calot et du masque, suivi de l'hygiène des mains (le visage a été touché), puis la casaque stérile et les gants.

3. a, **b**, **c** et **d**.
Les portes d'entrée peuvent être respiratoires, génitales, cutanées ou parentérales.

4. b et **d**.
La contamination du cathéter peut être endoluminale mais la contamination des solutés est rare.

5. a et **c**.
Le respect du système clos concerne les sondes urinaires, les dispositifs vasculaires (cathéters veineux périphériques [CVP], cathéters veineux centraux [CVC]) et en règle générale tout dispositif invasif (DIV) possédant des robinets ou des connexions.

6. a.
La règle de changement des tubulures est variable selon le type de ligne (principale ou secondaire), selon le type de dispositif et selon le produit perfusé.

Étude de cas

1. La préparation cutanée s'effectue en cinq temps :
– détersion avec un savon antiseptique ;
– rinçage avec de l'eau pour préparation injectable (EPPI) ou du sérum physiologique ;
– séchage avec des compresses stériles ;
– désinfection avec un antiseptique ;
– temps de séchage spontané.

2. Les cathéters veineux périphériques (CVP) posés en urgence sont retirés afin de reposer le cathéter dans de bonnes conditions d'asepsie.

Organisation de la lutte contre les IAS

QCM

1. c.
Infections associées aux soins.

2. b et **c**.
Au moins 48 heures après un soin et lors de la pose d'une sonde urinaire.

3. a et **b**.
Une infection chez un patient opéré d'une prothèse totale de hanche il y a 6 mois, et un abcès de paroi 5 jours après une appendicite.

4. c et **d**.
La responsabilité de la lutte contre les événements indésirables relève du président de la CME dans le public et du président de la CM dans le privé.

5. a, **b**, **c** et **d**.
Tout professionnel de santé peut faire un signalement.
Le décret n° 2001-671 du 26 juillet 2001 impose la déclaration par tout professionnel, hospitalier ou non, de tout EI lié à une prise en charge médicale, notamment la survenue d'une IN.

6. a et **c**.
Toutes feront l'objet d'un signalement interne mais seules une IN causée par un aspergillus (item a) et plusieurs cas de grippe dans l'établissement (item c) sont des situations répondant aux critères de signalement externe.

Études de cas

1. Le cas de monsieur Paul

1. Ce sont des bactéries dites émergentes ou bactéries hautement résistantes (BHR) dont la diffusion en France est pour le moment restreinte. 1,[illegible] % des souches d'*Enterococcus Jaecium* (EPC, ERG et ERV) sont résistantes à la vancomycine.

2. Des mesures strictes sont mises en place.
• Les précautions complémentaires de type contact (PCTC) sont renforcées, les équipements de protection individuelle (EPI) sont portés systématiquement avant tout contact avec le(s) patient(s) positif(s) et les patients « contact ».
• Organisation en trois secteurs :
(1) Secteur du patient positif (cas ERV / cas ERG) :
– limitation des déplacements du patient ;
– équipe médicale réduite au nombre minimal d'intervenants auprès du cas positif ;

– équipe paramédicale dédiée 24 h/24 pour chaque secteur.
(2) Secteur des patients « contact » (patients hospitalisés en même temps que le cas positif et pris en charge par la même équipe).
(3) Secteur des patients indemnes (nouveaux entrants dans le service).

• Ce type d'organisation est difficile à établir sur le plan des ressources humaines. Les équipes dédiées demandant beaucoup de personnel, il y a un impact direct sur l'activité des services concernés, pouvant aller jusqu'à l'arrêt des entrées.

3. L'enquête cherche à établir la liste des patients « contact » pour lesquels des PCTC et des dépistages sont mis en place afin de rechercher d'autres cas positifs. Cette surveillance est réalisée par des prélèvements (écouvillon rectal ou selles) à 1 semaine d'intervalle pendant 3 semaines.
L'historique de l'hospitalisation de monsieur Paul, du 3 avril au 30 avril (confirmation du cas ERV), a montré un passage au SAU, en réanimation, en chirurgie viscérale et en cardiologie.
La politique de dépistage systématique et de mise en place des mesures préventives de PCTC en réanimation a permis d'exclure les 15 premiers jours, car monsieur Paul était déjà porteur d'une BMR et les PCTC ont été maintenues pendant tout son séjour.
La recherche des patients « contact » (21 patients) s'est limitée au séjour en chirurgie et en cardiologie, leur surveillance s'est prolongée jusqu'à la sortie du dernier patient « contact » hospitalisé le 22 mai (monsieur Paul est sorti le 9 mai). Les services ayant reçu les patients « contact » transférés (4 patients) ont été prévenus.

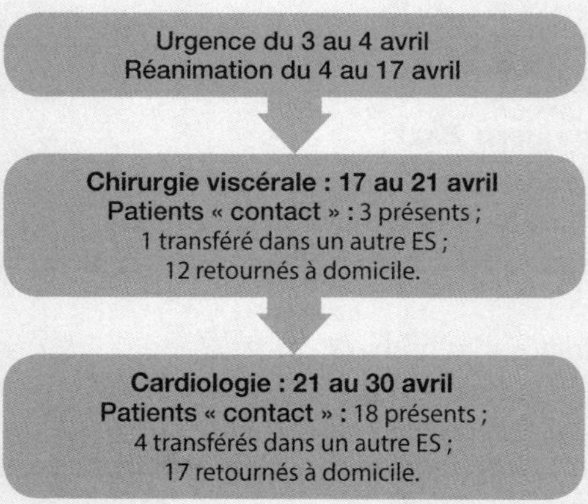

Ce cas montre l'effet que peut avoir la découverte d'un seul cas ERV et la logistique importante qu'il nécessite. Il démontre l'intérêt de la politique « *search and isolate* ».

2. Exposé du cas

• Les infections nosocomiales sont celles qui surviennent à l'hôpital (absentes à l'entrée).

Les structures de soins en extrahospitalier se développent de plus en plus et concernent également la prise en charge par les professionnels libéraux.

Les infections sont associées aux soins, le lieu d'acquisition n'est plus une référence.

UE 2.11

PHARMACOLOGIE ET THÉRAPEUTIQUES

Rappels des objectifs et contenus

Objectif 1

Citer les mécanismes d'action, d'absorption et d'élimination des médicaments

Objectif 2

Identifier les notions de dosage, de dilution, de préparation

UE 2.11 S1 Pharmacologie et thérapeutiques

Objectif 3

Expliciter les risques et dangers dans l'administration médicamenteuse

Éléments de contenu :

- Les principes de chimie pertinents à la pharmacologie.
- La pharmacocinétique, voie d'administration, absorption, transformation, diffusion, élimination.
- La pharmacodynamie, mécanismes d'action, effets secondaires, interactions médicamenteuses (synergie, potentialisation, antagonisme).
- Les formes pharmaceutiques, solides, liquides, galéniques à usage parentéral ou à administration cutanée ou transmucosale, les formes en expérimentation.
- Les dosages, préparations, dilutions, les solvants et les solutés.
- Les risques et dangers de la médication, la prescription.

Cette UE se fait en relation avec l'unité UE 2.1 S1

Évaluation écrite des connaissances.

Développement de la compétence 4

« Mettre en œuvre des actions à visée diagnostique et thérapeutique »

Auto-évaluation

Identifier les différentes étapes des 2 rubriques suivantes :

PRÉPARATION/RECONSTITUTION/DILUTION

1.

2.

3.

4.

ADMINISTRATION

1.

2.

3.

4.

5.

6.

7.

8.

Corrigés

PREPARATION / RECONSTITUTION / DILUTION

1. Effectuer un double contrôle, par un autre agent, des calculs de reconstitution et de dilution.
2. Vérifier la compatibilité entre le médicament et le solvant de reconstitution ou de dilution (en cas de doute vérification auprès d'un pharmacien).
3. Vérifier la compatibilité entre le médicament et le conditionnement dans lequel il est dilué (en cas de doute vérification auprès d'un pharmacien).
4. Respecter les précautions d'emploi (manipulation à l'abri de la lumière ou de la chaleur).

ADMINISTRATION

1. Contrôler visuellement une solution avant de l'administrer (coloration, précipité).
2. Vérifier l'absence d'incompatibilité physico-chimique entre les médicaments administrés en Y ou simultanément.
3. Vérifier que le matériel d'administration répond aux précautions d'emploi (manipulation à l'abri de la lumière).
4. Ne pas administrer par la même voie d'abord veineux des médicaments ayant une grande différence de pH (réaction acide-base, risque de précipitation).
5. Placer la connexion en Y la plus proche possible du patient.
6. Toujours rincer les tubulures entre deux administrations.
7. Administrer les médicaments dérivés du sang seuls.
8. Être prudent avec les nutritions parentérales.

Entraînements

Rappels de chimie

QCM lienmini.fr/S1-QCM51

Au moins l'une des réponses proposées est exacte.

1. L'eau :

❍ **a.** est le composé organique le plus abondant dans le monde vivant.
❍ **b.** est le solvant qui constitue les solutions aqueuses.
❍ **c.** peut se comporter comme un acide.
❍ **d.** se dissocie en ions lors d'une réaction d'hémolyse.

2. Un acide est :

❍ **a.** un accepteur d'électron(s).
❍ **b.** un accepteur de proton(s).
❍ **c.** un accepteur d'ions H^+.
❍ **d.** un donneur d'électron(s).
❍ **e.** un donneur d'ions H^+.

3. Le pH :

❍ **a.** permet d'évaluer l'acidité d'une solution.
❍ **b.** dépend de la concentration en ions H^+.
❍ **c.** est compris entre 0 et 14.
❍ **d.** est d'autant plus élevé que la solution est acide.
❍ **e.** est égal à 7 si la solution est neutre.

4. Concernant les solutions tampons et le pH :

❍ **a.** une solution tampon s'oppose aux variations de pKa d'une solution.
❍ **b.** une solution tampon est constituée d'un mélange d'une même quantité d'un acide et d'une base conjuguée ayant un pouvoir tampon.
❍ **c.** les médicaments ayant un pH acide peuvent être administrés dans du sérum physiologique.
❍ **d.** les médicaments basiques ont un pH<7.

5. Une incompatibilité physico-chimique :

❍ **a.** est toujours visible à l'œil nu.
❍ **b.** peut se produire lors de l'administration simultanée de plusieurs médicaments.
❍ **c.** correspond à une interaction médicamenteuse.
❍ **d.** peut générer des effets indésirables délétères pour le patient.
❍ **e.** peut provenir d'une interaction entre le médicament et son conditionnement.

6. Concernant les incompatibilités physico-chimiques :

❍ **a.** La mention « À conserver à l'abri de la lumière » concerne les conditions de stockage et d'administration du médicament.
❍ **b.** La précipitation peut s'observer lorsqu'une solution est saturée.
❍ **c.** La complexation correspond à la formation de complexes solubles.
❍ **d.** Les complexes peuvent être redissouts en chauffant la solution au bain-marie.

7. Un composé hydrophile :

❍ **a.** est un composé lipophobe.
❍ **b.** est miscible aux corps gras.
❍ **c.** est soluble dans les solutions aqueuses et huileuses.
❍ **d.** porte des groupements polaires.
❍ **e.** porte des groupements CH.

8. La concentration :

❍ **a.** exprime une quantité par unité de volume.
❍ **b.** molaire s'exprime en mol/L.
❍ **c.** massique est la masse de solvant sur le volume de solution.
❍ **d.** initiale est égale au produit de la concentration finale par le facteur de dilution.
❍ **e.** d'une solution à 10 g/L correspond à une concentration de 10 mg/mL.

9. Concernant les paramètres physico-chimiques d'une solution :

❍ **a.** la masse molaire d'une substance chimique permet de convertir une quantité de matière (n) en une masse (m).
❍ **b.** la densité d'une solution dépend de la masse volumique de cette solution.
❍ **c.** la masse volumique correspond au rapport entre la masse de solvant et le volume de la solution.
❍ **d.** un solvant hypotonique a une pression osmotique supérieure à celle du sang.
❍ **e.** un débit peut s'exprimer en min/L.

10. Concernant les équivalences entre les unités :

❍ **a.** une cuillère à soupe contient 10 mL.
❍ **b.** quatre gouttes de soluté standard correspondent à 0,2 mL.
❍ **c.** 1 mg correspond à 1000 ng.
❍ **d.** la masse molaire est notée ρ ou µ.
❍ **e.** 1 µl correspond à 1cm^3.

QROC

1. Un(e) IDE doit administrer 15 mg de paracétamol par kg par prise à un enfant de 24 kg.

Combien de cuillères à soupe de paracétamol solution buvable à 2,4 % (m/v) doivent être administrées par prise ?

2. On veut administrer un volume de 250 mL de soluté standard en une heure.

Quel doit être le débit en gouttes/min ?

Pharmacocinétique

QCM

lienmini.fr/S1-QCM52

Au moins l'une des réponses proposées est exacte.

1. Sont des voies d'administration impliquant une phase d'absorption :

❍ **a.** voie orale.
❍ **b.** voie intramusculaire.
❍ **c.** voie sous-cutanée.
❍ **d.** voie intraveineuse.

2. La résorption intestinale d'un médicament le conduit directement :

❍ **a.** au cœur.
❍ **b.** au poumon.
❍ **c.** au foie.
❍ **d.** au pancréas.

3. La distribution d'un principe actif (PA) :

❍ **a.** est assurée dans les tissus grâce aux fluides lymphatiques.
❍ **b.** est caractérisée grâce au facteur de biodisponibilité F.
❍ **c.** dépend de la composition en eau et en graisses du patient.
❍ **d.** est limitée pour certaines zones de l'organisme.

4. La métabolisation :

❍ **a.** peut avoir lieu dans tous les tissus.
❍ **b.** aboutit toujours à la synthèse d'un seul métabolite pour un PA donné.
❍ **c.** certains PA peuvent inhiber le métabolisme.
❍ **d.** le métabolisme est source de variabilité pharmacocinétique.

5. L'élimination rénale d'un PA :

❍ **a.** est augmentée en cas d' l'insuffisance rénale.
❍ **b.** est diminuée en cas d'insuffisance hépatique.

❍ **c.** est généralement diminuée chez la personne âgée.
❍ **d.** a lieu au niveau de chaque néphron.

6. L'élimination d'un PA :
❍ **a.** permet de faire disparaître le PA de l'organisme.
❍ **b.** peut impliquer à la fois le foie et le rein.
❍ **c.** implique seulement des mécanismes de métabolisation.
❍ **d.** est caractérisée par un facteur pharmacocinétique : la clairance.

7. Les barrières physiologiques :
❍ **a.** la barrière hématoencéphalique est très difficile à franchir pour les PA.
❍ **b.** toutes les barrières physiologiques empêchent la distribution du PA.
❍ **c.** ont souvent un rôle de protection.
❍ **d.** pour éviter certaines barrières on peut administrer localement le PA.

8. Au cours de la grossesse :
❍ **a.** on peut administrer un médicament à la mère.
❍ **b.** un médicament administré à la mère n'agira pas sur le fœtus.
❍ **c.** un médicament administré à la mère pourra être éliminé par le lait.
❍ **d.** la pharmacocinétique de la mère est modifiée.

9. La courbe concentration-temps :
❍ **a.** a une allure qui est identique quelle que soit la voie d'administration.
❍ **b.** permet de connaître la concentration plasmatique maximale.
❍ **c.** permet de déterminer l'intervalle thérapeutique.
❍ **d.** permet de savoir si l'on doit attendre un effet thérapeutique.

10. La pharmacocinétique :
❍ **a.** peut varier d'un individu à l'autre.
❍ **b.** peut varier chez un même individu.
❍ **c.** étudie le devenir du PA dans l'organisme.
❍ **d.** étudie la concentration plasmatique en fonction de la dose.

QROC

A. Un patient atteint d'une infection bactérienne se voit prescrire un antibiotique. La posologie est de 500 mg/jour. L'antibiotique est d'abord administré par voie intraveineuse. Pour qu'il soit efficace, la concentration plasmatique doit être au moins de 2 mg/L. L'évolution des concentrations en fonction du temps chez ce patient est donnée par la courbe suivante.

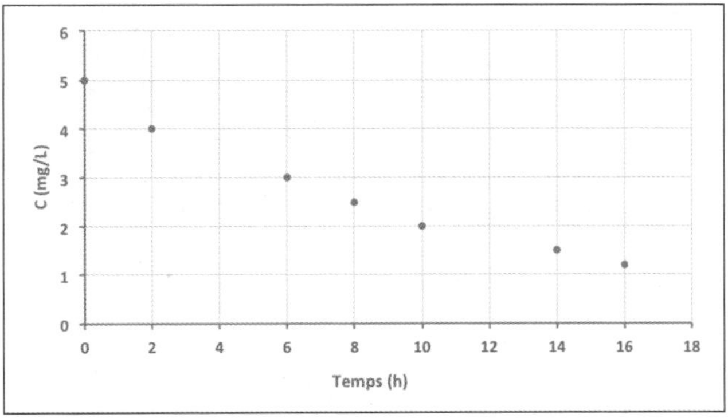

1. Pendant combien de temps la dose administrée sera-t-elle efficace ?
2. À quel moment obtient-on la concentration plasmatique maximale ?
3. Calculez le temps de demi-vie d'élimination plasmatique.

B. Au bout de quelques jours l'état du patient s'améliore. On décide de faire un relais IV/*per os*.
On sait que par voie orale (comprimés à 500 mg), F = 100 % et que 85 % de la dose administrée est retrouvée dans les urines.
1. Quelle est la signification de F ?
2. Combien de comprimés allez-vous administrer par jour au patient ?
3. Quels sont les risques si le patient développe une insuffisance rénale au cours du traitement ?
4. À l'arrêt du traitement, combien de temps faudra-t-il au patient pour éliminer la totalité de la dose ?

La pharmacodynamie

QCM lienmini.fr/S1-QCM53

Au moins l'une des réponses proposées est exacte.

1. La pharmacodynamie :
❍ **a.** est l'étude du devenir du médicament dans l'organisme.
❍ **b.** établit un lien entre la dose de médicament administrée et l'effet obtenu.
❍ **c.** différencie l'effet pharmacologique de l'effet thérapeutique.
❍ **d.** différencie l'effet pharmacologique de l'effet pharmacodynamique.

2. Un principe actif :

❍ **a.** peut avoir un mécanisme d'action spécifique ou non spécifique.
❍ **b.** agit sur des cibles endogènes qui proviennent de l'environnement.
❍ **c.** agit sur des cibles exogènes qui constituent l'organisme ou sont synthétisées par l'organisme.
❍ **d.** peut être une substance exogène qui se substitue à une substance endogène.
❍ **e.** peut interagir avec un récepteur.

3. Les récepteurs :

❍ **a.** sont de petites molécules protéiques capables de se lier à un ligand.
❍ **b.** sont toujours inactifs à l'état de repos.
❍ **c.** les plus répandus sont les récepteurs couplés aux protéines G.
❍ **d.** nucléaires sont des récepteurs transmembranaires.

4. Un canal ionique :

❍ **a.** permet le passage non sélectif des ions.
❍ **b.** régule le flux ionique en fonction du gradient électro-ionique.
❍ **c.** peut s'ouvrir sous l'effet d'un potentiel d'action.
❍ **d.** peut s'ouvrir lors de sa liaison à un ligand.
❍ **e.** peut être la cible de certains médicaments.

5. Un agoniste :

❍ **a.** est un ligand capable d'activer un récepteur en induisant une cascade de signalisation à l'origine de l'effet pharmacodynamique.
❍ **b.** peut être compétitif ou non compétitif.
❍ **c.** inverse produit l'effet opposé à un agoniste partiel pour le même récepteur.
❍ **d.** partiel peut se comporter comme un agoniste entier et un agoniste inverse.
❍ **e.** endogène est synthétisé par l'organisme.

6. Les récepteurs nucléaires :

❍ **a.** peuvent se lier à l'ADN.
❍ **b.** régulent la transcription des gènes de manière aspécifique.
❍ **c.** interviennent dans de nombreuses transformations métaboliques.
❍ **d.** sont à l'origine d'effets pharmacodynamiques ayant un délai d'action de plusieurs heures.
❍ **e.** sont à l'origine d'effets pharmacodynamiques pouvant persister plusieurs jours après l'arrêt du médicament.

7. Un neurotransmetteur :

❍ **a.** est libéré par une glande endocrine.
❍ **b.** se fixe sur un récepteur.
❍ **c.** sert à transmettre l'influx nerveux.

❍ **d.** sert à transmettre un signal entre deux cellules quelconques.

8. Le système nerveux :

❍ **a.** central sympathique comprend le système des récepteurs adrénergiques.
❍ **b.** périphérique parasympathique comprend le système des récepteurs à l'acétylcholine.
❍ **c.** parasympathique comprend le système des récepteurs à l'adrénaline.
❍ **d.** sympathique comprend le système des récepteurs à la noradrénaline.
❍ **e.** central comprend le système des récepteurs à la sérotonine.

9. Les effets indésirables :

❍ **a.** sont imprévisibles.
❍ **b.** peuvent se manifester par une atteinte du fœtus (risque mutagène).
❍ **c.** sont liés à un effet pharmacologique principal ou secondaire.
❍ **d.** peuvent être liés à l'état physiopathologique du patient.

10. Les interactions médicamenteuses correspondent à des interactions entre :

❍ **a.** deux médicaments agissant sur des voies de signalisation différentes.
❍ **b.** deux médicaments agissant sur une même voie de signalisation.
❍ **c.** un médicament et un aliment.
❍ **d.** un médicament et de l'alcool.
❍ **e.** un médicament et une substance exogène.

QROC

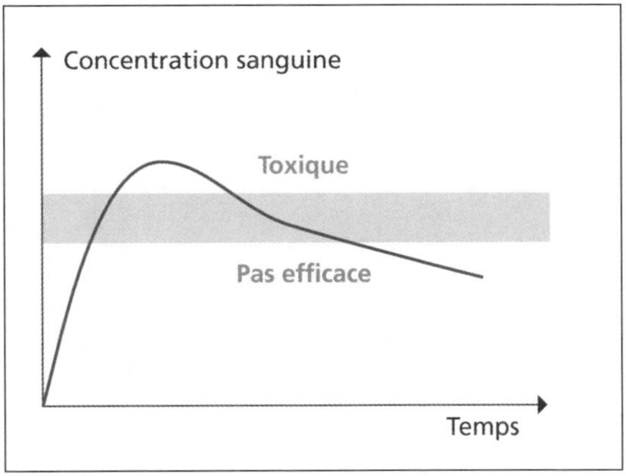

a. À quoi correspond la bande grisée ?
b. Expliquez à quel type de principe actif correspond le graphique.
c. Quels sont les risques pour le patient ?
d. Que faut-il mettre en place pour sécuriser la prise d'un tel médicament ?

Formes galéniques et voies d'administration

QCM lienmini.fr/S1-QCM54

Au moins l'une des réponses proposées est exacte.

1. Les médicaments à usage parentéral sont toujours :
❍ **a.** apyrogènes.
❍ **b.** limpides.
❍ **c.** isotoniques.
❍ **d.** liquides.

2. Les patchs cutanés peuvent toujours :
❍ **a.** être laissés en place 24 heures.
❍ **b.** être découpés.
❍ **c.** être utilisés si le tube digestif n'est pas fonctionnel.
❍ **d.** être positionné sur le même site.

3. Les suspensions injectables peuvent être utilisées :
❍ **a.** par voie IV.
❍ **b.** par voie IM.
❍ **c.** par voie SC.
❍ **d.** par voie intra-articulaire.

4. Les formes liquides orales sont souvent :
❍ **a.** adaptées à l'enfant.
❍ **b.** adaptées au sujet âgé.
❍ **c.** utilisables par sonde nasogastrique.
❍ **d.** sucrées pour faciliter l'absorption.

5. Les formes liquides orales doivent être administrées avec :
❍ **a.** une cuillère à café.
❍ **b.** une seringue.
❍ **c.** le dispositif joint au médicament.
❍ **d.** un même dispositif pour plusieurs médicaments.

6. Pour préparer un médicament injectable, il faut :
❍ **a.** lire à voix haute le nom et le dosage du médicament.
❍ **b.** le diluer dans un soluté.
❍ **c.** porter des gants.
❍ **d.** utiliser du matériel stérile.

7. Les médicaments destinés à la voie oculaire sont toujours :
❍ **a.** liquides.
❍ **b.** stériles.

❍ **c.** à usage unique.
❍ **d.** conservés à long terme après ouverture.

8. Les comprimés effervescents :
❍ **a.** peuvent être placés directement dans la bouche sans adjonction d'eau.
❍ **b.** sont tous sécables.
❍ **c.** peuvent être changés de conditionnements.
❍ **d.** ont une forte teneur en sel.

9. Les comprimés à libération prolongée (LP) :
❍ **a.** peuvent avoir une durée d'action de plusieurs jours.
❍ **b.** diminuent le nombre de prises.
❍ **c.** sont des comprimés enrobés.
❍ **d.** peuvent être écrasés.

10. Les traitements par voie cutanée :
❍ **a.** sont plus efficaces chez la personne âgée.
❍ **b.** ont une absorption favorisée par l'élévation de la température.
❍ **c.** ont une absorption qui varie en fonction de la localisation.
❍ **d.** peuvent avoir des effets généraux.

QROC

1. Quelles sont les précautions à prendre avant d'administrer un médicament buvable à un enfant ?

2. Quelles sont les alternatives possibles pour l'administration de médicaments à un patient présentant des troubles de la déglutition et dont le tube digestif est fonctionnel ?

Étude de cas

Monsieur R., âgé de 75 ans, présente une hypertension artérielle, un ulcère gastrique, un tassement vertébral et une maladie d'Alzheimer débutante. Il est amené aux urgences par le SAMU, après une chute à domicile avec perte de connaissance.

Son traitement médicamenteux à domicile est le suivant :
- pantoprazole Eupantol® 40 mg : 1 cp le soir ;
- oxycodone Oxycontin® LP 10 mg : 1 cp le matin et 1 cp le soir ;
- macrogol Transipeg® : 2 sachets le matin ;
- rivastigmine Exelon® gélule 6 mg : 1 le matin, 1 le soir ;
- oxazepam Seresta® 10 mg : 1 cp au coucher ;
- furosémide Lasilix® 40 mg : 1 cp le matin.

À son arrivée aux urgences (J0), le patient a un état de conscience tres fluctuant. On constate une déshydratation importante pouvant faire suspecter un surdosage en dérivé morphinique et/ou en benzodiazépine. Une pneumopathie d'inhalation ne peut pas être écartée. La voie orale est impossible.

Le traitement suivant est mis en place :

- hydratation par voie IV par 1,5 L de soluté polyionique injectable en perfusion ;
- acide clavulanique/amoxicilline Augmentin® IV flacon injectable : 1 g toutes les 8 heures ;
- naloxone 0,4 mg IV : 1 ampoule, à renouveler si nécessaire 3 fois, à 10 min d'intervalle.

Le test à la naloxone est positif et une radiographie des poumons confirme l'inhalation.

L'état de conscience du patient s'améliore, mais il demeure confus et agité.

Le traitement suivant est prescrit :

- pantoprazole Eupantol® 40 mg : 1 ampoule IV le soir ;
- acide clavulanique/amoxicilline Augmentin® IV, 1 g toutes les 8 heures ;
- hydratation par voie IV avec un 1,5 L de soluté polyionique ;
- diazépam Valium®, 10 mg : une ampoule IV lente si agitation, maximum deux fois par jour ;
- paracétamol IV : 1 g par huit heures.

Après 48 h de traitement, le patient est réveillé, coopérant mais asthénique, toujours déshydraté, et présente des troubles de la déglutition ; une sonde nasogastrique souple est posée.

Le traitement est modifié comme suit :

- Exelon® : passage à la solution buvable ;
- Eupantol® : remplacement par esoméprazole Inexium® dispersible oral ;
- Augmentin® : passage à la forme sachet oral ;
- Seresta® : reprise sous forme pilée ;
- hydratation IV arrêtée, et maintenue en voie sous-cutanée.

À J4, le test de déglutition est correct, la sonde est retirée, le traitement initial du domicile est repris, avec remplacement de Exelon® en gélule par Exelon® en patch cutané, et de Eupantol® par Inexium® dispersible. L'hydratation en voie sous-cutanée est arrêtée, la boisson orale reprise avec surveillance, l'antibiotique par voie orale poursuivi jusqu'à J8.

Expliquez les choix réalisés en matière de formes galéniques et de voies d'administration.

QCM

lienmini.fr/S1-QCM55

Au moins l'une des réponses proposées est exacte.

1. Les effets indésirables sans mauvais usage peuvent être liés :
❍ **a.** à la non-observance du traitement.
❍ **b.** à une marge thérapeutique étroite.
❍ **c.** à des réactions d'hypersensibilité.
❍ **d.** à l'automédication.

2. Les médicaments provoquant le plus souvent des accidents graves sont :
❍ **a.** les antipyrétiques.
❍ **b.** les anticoagulants.
❍ **c.** les diurétiques.
❍ **d.** les anti-inflammatoires non stéroïdiens.

3. Le signalement de risque d'erreur médicamenteuse peut être lié :
❍ **a.** au conditionnement inadapté d'un médicament.
❍ **b.** à la similitude de l'étiquetage de deux médicaments.
❍ **c.** une erreur d'administration de l'infirmière.
❍ **d.** au défaut d'information de précaution d'emploi.

4. Tout signalement de risque d'erreur médicamenteuse doit être transmis :
❍ **a.** à l'ANSM.
❍ **b.** à la CPAM.
❍ **c.** à la CRPV.
❍ **d.** à l'InVS.

5. Une erreur médicamenteuse au moment de l'administration par l'IDE peut être :
❍ **a.** une erreur de dosage.
❍ **b.** l'absence de traçabilité d'une administration.
❍ **c.** une confusion de patient.
❍ **d.** un oubli d'administration.

6. Les médicaments le plus souvent responsables de troubles de la vigilance sont :
❍ **a.** les antitussifs.
❍ **b.** les anticoagulants.
❍ **c.** les antiallergiques.
❍ **d.** les antibiotiques.

7. Le syndrome de sevrage :
❍ **a.** nécessite un arrêt du traitement progressif sur plusieurs jours à doses dégressives.
❍ **b.** peut intervenir lors d'un traitement de courte durée.
❍ **c.** dépend de la sensibilité individuelle.
❍ **d.** peut intervenir lors d'un traitement dont la posologie est faible.

8. La pharmacovigilance :
❍ **a.** s'intéresse seulement aux effets indésirables avérés des médicaments.
❍ **b.** prend en compte la prévention du risque d'effet indésirable résultant de l'utilisation des médicaments.
❍ **c.** transmet des précautions ou restrictions d'emploi.
❍ **d.** s'appuie sur une base réglementaire nationale.

9. Le signalement des effets indésirables susceptibles d'être dus à un médicament peut être effectué par :
❍ **a.** l'infirmière.
❍ **b.** le médecin.
❍ **c.** le pharmacien.
❍ **d.** le patient.

10. La déclaration faite à la pharmacovigilance :
❍ **a.** ne concerne que les effets indésirables liés à une utilisation dans des conditions conformes à la prescription.
❍ **b.** concerne les anomalies liées à une interaction médicamenteuse.
❍ **c.** fait état d'une perte d'efficacité du médicament.
❍ **d.** évoque un défaut de qualité du médicament.

QROC

1. **Citez les facteurs qui influencent la fréquence des événements indésirables médicamenteux.**
2. **Expliquez ce qu'est une erreur médicamenteuse avérée, potentielle, latente.**

Étude de cas

Madame S. est traitée par fluindione Préviscan® antivitamine K à la suite d'une embolie pulmonaire. Ce traitement lui est prescrit en prévention des récidives d'accidents thromboemboliques. Ce jour, elle vient consulter aux urgences car elle présente une hématurie macroscopique. Vous l'accueillez à son arrivée. Elle est très inquiète. Vous commencez par évaluer son état clinique : tension artérielle ; pulsations ; saturation en oxygène et température. Vous lui demandez depuis quand elle prend ce traitement, quelle est la posologie prescrite par son médecin, à quelle heure a eu lieu la dernière prise médicamenteuse, si elle a effectué une surveillance biologique de son traitement récemment et si elle en connaît le résultat. Vous la questionnez afin de connaître son alimentation récente, si elle a consommé d'autres médicaments non prescrits susceptibles de modifier l'effet de son traitement. Vous réalisez une bandelette urinaire qui confirme la présence de sang dans les urines.

1. **Quel est l'intérêt pour l'infirmière de connaître le résultat de la surveillance biologique du traitement par fluindiome Préviscan® ?**
2. **Quel renseignement vous apportera l'heure de prise médicamenteuse au regard de la prescription médicale ?**

Prescriptions et administration médicamenteuse

QCM

lienmini.fr/S1-QCM56

Au moins l'une des réponses proposées est exacte.

1. Une prescription médicale :

❍ **a.** peut être retranscrite quel que soit le support.
❍ **b.** peut être retranscrite sur la planification de soins.
❍ **c.** ne peut pas être retranscrite.
❍ **d.** peut être retranscrite en réanimation.

2. Le protocole :

❍ **a.** est nominatif.
❍ **b.** a la même valeur qu'une prescription médicale.
❍ **c.** prévaut sur la prescription.
❍ **d.** est identique pour plusieurs établissements.

3. En situation d'urgence l'infirmière :

❍ **a.** met en œuvre des protocoles de soins d'urgence.
❍ **b.** agit sur prescription médicale uniquement.
❍ **c.** effectue des gestes conservatoires.
❍ **d.** effectue des transmissions orales des soins effectués.

4. Lorsqu'une l'infirmière est confrontée à une prescription qu'elle ne comprend pas elle doit :

❍ **a.** toujours l'appliquer.
❍ **b.** chercher dans le Vidal.
❍ **c.** appeler le médecin.
❍ **d.** refuser de l'appliquer.

5. Lorsque l'infirmière constate des troubles de la déglutition chez un patient :

❍ **a.** elle écrase le traitement prescrit.
❍ **b.** elle donne au patient la même molécule sous une autre forme galénique.
❍ **c.** elle administre un autre traitement ayant un mode d'action identique.
❍ **d.** elle informe le médecin pour réajuster la prescription médicale.

6. Lorsque le patient refuse de prendre son traitement, l'infirmière :

❍ **a.** le transmet par écrit
❍ **b.** prévient le cadre de santé.
❍ **c.** prévient le médecin.
❍ **d.** prévient la famille.

7. La traçabilité de l'administration médicamenteuse :

❍ **a.** s'effectue en temps réel.
❍ **b.** peut être réalisée par un autre professionnel que celui qui administre.
❍ **c.** s'effectue en fin de distribution des médicaments sur un secteur.
❍ **d.** est signée par la personne qui administre le traitement.

8. Lorsqu'un patient est hospitalisé et qu'il dispose d'un traitement médicamenteux personnel :

❍ **a.** il le conserve à sa disposition.
❍ **b.** il est supprimé à son entrée.
❍ **c.** il est represcrit après examen médical.
❍ **d.** il n'est pas restitué à sa sortie.

9. L'infirmière peut prescrire les dispositifs médicaux suivants :

❍ **a.** des pansements hydrocolloïdes.
❍ **b.** des antalgiques de palier 1.
❍ **c.** des perfuseurs.
❍ **d.** des étuis péniens.

10. Dans le cadre scolaire, en situation d'urgence, l'administration d'un traitement peut être réalisée par :

❍ **a.** l'infirmier(ère) scolaire exclusivement.
❍ **b.** les enseignants.
❍ **c.** uniquement le médecin prescripteur.
❍ **d.** les ATSEM.

QROC

1. Indiquez les contrôles effectués par l'infirmier(ère) avant l'administration d'un traitement.

2. Quelles sont les trois conditions pour que l'infirmier(ère) puisse effectuer une prescription de dispositifs médicaux ?

Corrigés

Rappels de chimie

QCM

1. b et **c**.
L'eau est un composé inorganique (a. faux).
L'eau se dissocie en ions lors de la réaction d'hydrolyse (d. faux).

2. e.

3. a, **b**, **c** et **e**.
Le pH est d'autant plus élevé que la solution est basique (d. faux).

4. b.
Une solution tampon s'oppose aux variations de pH (a. faux).
Les médicaments ayant un pH basique peuvent être administrés dans du sérum physiologique (c. faux). Les solutions basiques ont un pH > 7 (d. faux).

5. b, **d** et **e**.
Une incompatibilité physico-chimique n'est pas toujours visible à l'œil nu (a. faux).
Une incompatibilité physico-chimique n'est pas une interaction médicamenteuse (c. faux).

6. b.
Cette mention concerne uniquement le stockage (a. faux).
La précipitation est la formation de complexes insolubles (c. faux).
Les complexes ne peuvent être redissouts (d. faux).

7. a et **d**.
Un composé hydrophile est miscible à l'eau et aux solutions aqueuses (b. faux).
Il n'est pas soluble dans les solutions huileuses (c. faux).
Il porte des groupements OH ou CO (e. faux).

8. a, **b**, **d** et **e**.
La concentration massique est la masse de soluté sur le volume de solution (c. faux).

9. a et **b.**
La masse volumique correspond à : masse de solution/volume de solution (c. faux).
Un solvant hypotonique a une pression osmotique inférieure à celle du sang (d. faux).
Un débit peut s'exprimer en : L/min (e. faux).

10. b.
Une cuillère à soupe contient 15 mL (a. faux).
1 mg = 1 000 µg (c. faux).
La masse volumique est notée ρ ou µ (d. faux).
1 mL = 1 cm^3 (e. faux).

QROC

1. Il faut administrer 15 mg x 24 kg = 360 mg = 0,36 g de paracétamol. La solution buvable contient 2,4 % de paracétamol soit 2,4 g de paracétamol dans 100 mL de solution, 2,4 g ↔ 100 mL, 0,36 g ↔ x mL x = 0,36 x 100 / 2,4 = 15 mL. Il faut administrer 1 cuillère à soupe (15 mL) de solution buvable par prise.

2. On calcule d'abord le volume x en mL qui doit être administré par minute :
250 mL ↔ 1 h = 60 min
x mL ↔ 1 min
$250 \times 1 = x \times 60$
soit $x = 250/60 \approx 4{,}17$ mL.
On convertit en nombre de gouttes le volume en mL :
1 mL ↔ 20 gouttes
4,17 mL ↔ gouttes
$1 \times x = 4{,}17 \times 20$,
soit $x = 4{,}17 \times 20 = 83{,}4$ gouttes.
Le débit doit donc être de 83 gouttes/min.
Le réglage du débit de la pompe ne peut se faire, aujourd'hui, qu'à la goutte près (limite technique de l'appareil).

La pharmacocinétique

QCM

1. a, **b** et **c**.
Pour la voie intraveineuse, le PA est directement déversé dans le courant circulatoire, il n'y a pas de phase d'absorption (d. faux).

2. c.
Le PA, après avoir traversé la muqueuse digestive, passe par la veine porte hépatique pour arriver au foie (a., b. et d. faux).

3. c et **d**.
Le véhicule de la distribution tissulaire est le sang (a. faux). F caractérise l'absorption (b. faux), le volume de distribution caractérise la distribution.

4. a, **c** et **d**.
Un PA peut donner naissance à plusieurs métabolites (b. faux).

5. c et **d**.
L'élimination rénale d'un PA est diminuée en cas d'insuffisance rénale (a. faux). L'insuffisance hépatique n'a pas d'impact sur l'excrétion rénale du PA (b. faux).

6. a, **b** et **d**.
L'élimination d'un PA peut impliquer aussi des mécanismes d'excrétion (c. faux).

7. a, **c** et **d**.
Toutes les barrières physiologiques n'empêchent pas la distribution du PA (b. faux) : la barrière fœtoplacentaire est peu sélective.

8. a, **c** et **d**.
Un médicament administré pendant la grossesse peut agir sur le fœtus (b. faux). Le franchissement de la barrière fœtoplacentaire est fréquent mais les conséquences pour le fœtus vont dépendre de la molécule administrée et de la quantité qui passera.
Le lait maternel est aussi un lieu d'excrétion du PA.

9. b et **d**.
L'intervalle thérapeutique est évalué au cours du développement du médicament (a. et c. faux).

10. a, **b** et **c**.
La pharmacocinétique étudie la concentration plasmatique en fonction du temps, pour une dose définie de PA (d. faux).

QROC

A. 1. La dose administrée sera efficac e pendant tout le temps où la concentration plasmatique sera supérieure à 2 mg/L (seuil d'efficacité), c'est-à-dire pendant t = 10 h d'après la courbe (point rouge).

2. La concentration plasmatique est maximale à t = 0.

En effet, par voie intraveineuse, il n'y pas de phase d'absorption, on obtient la concentration plasmatique maximale, ici de 5 mg/L, dès la fin de l'administration.

3. Le temps de demi-vie d'élimination plasmatique est le temps nécessaire pour que la concentration soit divisée par deux au cours de la phase d'élimination. Ici, il est de 8 h, temps nécessaire pour que la concentration plasmatique passe de 5 mg/L à 2,5 mg/L (points orange).
On retrouve le même résultat avec les autres concentrations (ex. : 8 h pour passer de 3 mg/L à 1,5 mg/L, points verts).

B. 1. F est le facteur de biodisponibilité de l'antibiotique administré par voie orale. C'est la fraction de la dose administrée qui atteint la circulation générale lorsque l'antibiotique est administré par voie orale.

Ici, F = 100 %, ce qui signifie que lorsque l'on administre un comprimé à 500 mg, 100 % de la dose (soit 500 mg) arrivera dans la circulation générale. Il n'y a pas de perte du PA au cours de l'absorption.

2. F étant de 100%, on peut faire un relai IV/*per os* à la même posologie. On administre 1 comprimé de 500 mg/jour.

3. La voie majoritaire d'élimination de l'antibiotique est la voie rénale (excrétion rénale à 85 %).
Si le patient developpe une insuffisance rénale, l'antibiotique sera moins bien éliminé et il y aura un risque d'effets secondaires. Si une insuffisance rénale survenait, il faudrait donc ré-évaluer la posologie du patient.

4. Le temps nécessaire pour éliminer la totalité de la dose est égal à sept demi-vies, soit ici 7 × 8 = 56 h. Le patient aura donc éliminé la totalité de la dose administrée au bout d'un peu plus de deux jours.

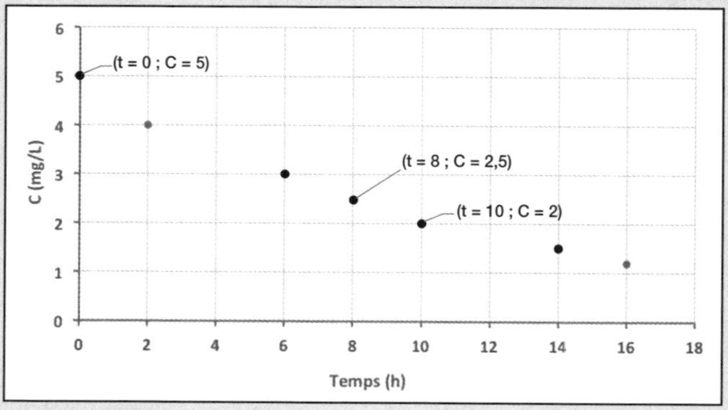

La pharmacodynamie

QCM

1. b et **c**.
La pharmacodynamie est l'étude de l'action du médicament sur l'organisme (a. faux).
L'effet pharmacodynamique correspond à l'effet pharmacologique (d. faux).

2. a, **d** et **e**.
Les cibles exogènes proviennent de l'environnement (b. faux).
Les cibles endogènes proviennent de l'organisme (c. faux).

3. c.
Les récepteurs sont de grosses protéines généralement protéiques (a. faux) qui peuvent avoir une activité constitutive (b. faux). Les récepteurs nucléaires sont intracellulaires (d. faux).

4. c, **d** et **e**.
Un canal permet le passage sélectif des ions (a. faux) et régule le flux ionique en fonction du gradient électrochimique (b. faux).

5. a et **e**.
Un antagoniste peut être compétitif ou non compétitif (b. faux).
Un agoniste entier produit l'effet opposé à un agoniste partiel pour le même récepteur (c. faux).
Un agoniste partiel se comporte comme un agoniste et un antagoniste (d. faux).

6. a, **c**, **d** et **e**.
Les récepteurs nucléaires régulent la transcription spécifique de certains gènes (b. faux).

7. b et **c**.
Un neurotransmetteur est libéré par un neurone (a. faux).
Il transmet un signal entre deux neurones ou entre un neurone et une cellule (d. faux).

8. b, **d** et **e**.
Le système nerveux périphérique sympathique comprend le système des récepteurs adrénergiques (a. faux).
Le système sympathique comprend le système des récepteurs de l'adrénaline (c. faux).

9. d.
Les effets indésirables peuvent être prévisibles ou imprévisibles (a. faux).
Le risque d'une atteinte du fœtus est le risque tératogène (b. faux).
Les effets indésirables peuvent ne pas être liés à une propriété pharmacologique connue (c. faux).

10. a, **b**, **c**, **d** et **e**.

QROC

1. La bande colorée correspond à la fenêtre thérapeutique.

2. Il s'agit d'un principe actif à fenêtre thérapeutique étroite égale à :

$120/80 = 1{,}5 < 2$.

3. Le patient a plus de risques de se trouver en dehors de la fenêtre thérapeutique. Il risque une perte d'efficacité thérapeutique en cas de sous-dosage et une toxicité (évènement indésirable médicamenteux) pouvant conduire à l'arrêt du traitement en cas de surdosage.

4. Une surveillance clinique et des dosages biologiques réguliers doivent être mis en place.

Les formes galéniques et voies d'administration

QCM

1. a.
Certaines formes parentérales peuvent être troubles ; les suspensions par exemple (b. faux), hypertoniques (c. faux) ou solides, les implants (d. faux).

2. c.
Les patchs ont des durées de pose variables suivant le principe actif, de quelques heures à plusieurs jours (a. faux).
Les patchs à réservoir ne peuvent pas toujours être découpés (b. faux).
Positionnés sur le même site les patchs peuvent être irritants (d. faux).

3. b, **c** et **d**.
Les suspensions ne doivent pas être administrées par voie IV (a. faux).

4. a, **b**, **c**, **d**.

5. c.
Il faut toujours utiliser le dispositif d'administration fourni avec le flacon, qui peut varier d'une médicament à l'autre (a., b. et d. faux).

6. a et **d**.
Toujours lire l'étiquette à voix haute avant de préparer un médicament injectable, respecter les procédures d'asepsie et de protection du manipulateur uniquement dans des cas particuliers, préparation de produits cytotoxiques par exemple (c. faux). Certains médicaments injectables sont prêts à l'emploi et ne nécessitent aucune dilution (b. faux).

7. b.
Il existe des médicaments solides ou pâteux (a. faux), et des conditionnements à usage multiple, flacon de collyre ou tube de pommade par exemple (c. faux).
La conservation des collyres après ouverture est de courte durée (d. faux).

8. d.
Les comprimés effervescents doivent être dissous dans l'eau avant d'être absorbés (a. faux).
Ils ne sont sécables que si une empreinte sur le médicament le permet, sinon la dose absorbée est aléatoire (b. faux).
Ils doivent être conservés dans leur conditionnement d'origine qui les protège de l'humidité (c. faux).

9. b.
La durée d'action des comprimés LP est de dix à vingt-quatre heures (a. faux).
Ils peuvent être nus ou enrobés (c. faux).
Ils ne peuvent pas être écrasés sinon ils perdraient leur pouvoir de libération du principe actif à retardement (d. faux).

10. b, **c** et **d**.
La voie cutanée est plus efficace chez le nouveau-né dont la peau est plus fine (a. faux).

QROC

1. Précautions à prendre avant d'administrer un médicament buvable à un enfant :
– vérifier l'état de conscience ;
– s'assurer que le tube digestif est fonctionnel (pas de contre-indication à l'administration orale) ;
– vérifier la posologie (attention aux prescriptions en millilitres, en doses, etc. La posologie doit être prescrite de manière non équivoque : mg, mg/kg) ;
– reconstituer la forme buvable suivant les instructions du fabricant si elle n'est pas prête à l'emploi ;
– utiliser toujours le dispositif d'administration fourni avec le médicament, ou celui préconisé par le fabricant ;
– noter la date d'ouverture du flacon et vérifier les conditions de conservation pour une utilisation ultérieure.

2. Alternatives possibles pour l'administration de médicaments à un patient présentant des troubles de la déglutition et dont le tube digestif est fonctionnel :
– Si les troubles sont mineurs, demander au médecin s'il est possible d'administrer des médicaments sous forme buvable, préférable aux formes solides.
– Si la voie orale est impossible, envisager la pose d'une sonde nasogastrique permettant d'utiliser le tube digestif et l'administration de médicaments liquides ou pilés, sous réserve que le fabricant l'autorise.
– Si la pose d'une sonde n'est pas envisageable, utiliser la voie parentérale.

Étude de cas

Phase aiguë aux urgences à J0 : état de conscience altéré, déshydratation extrême. La voie injectable est adaptée, car dans ce cas le patient n'est pas en état d'avaler et doit être très rapidement réhydraté.

Une fois le diagnostic posé, on reprend les traitements chroniques, mais en remplaçant les médicaments par des équivalents injectables, à l'exception de furosémide / Lasilix®, diurétique pouvant avoir contribué à la déshydratation, et de rivastigmine / Exelon® (traitement des formes légères à modérées de la maladie d'Alzheimer) ne présentant pas de caractère d'urgence.

À J2, le patient est déperfusé pour préserver son capital veineux et limiter le risque infectieux, on reprend les traitements par voie orale par la sonde gastrique posée pour le temps durant lequel le patient présente des troubles de la déglutition avec des formes plus adaptées (liquide, forme dispersible, comprimé pilé après vérification de cette possibilité auprès du fabricant).

À J4 : le patient peut reprendre ses traitements par voie orale, on remplace juste pantoprazole / Eupantol® par esoméprazole / Inexium® dispersible, et rivastigmine / Exelon® oral par une forme patch, dans un souci de simplification du traitement (limitation du nombre de prises orales, utilisation de formes dispersibles plus faciles à avaler).

Risques et dangers des médicaments

QCM

1. b et **c**.

La non-observance (a. faux) et l'automédication sont des mésusages (d. faux).

2. b, **c** et **d**.

Les diurétiques sont responsables de troubles métaboliques et d'insuffisance rénale. Les anticoagulants et les anti-inflammatoires non stéroïdiens sont responsables d'hémorragie (a. faux).

3. a, **b** et **d**.

L'erreur d'administration n'est pas un risque mais un événement indésirable (c. faux).

4. a, **c**.

5. a, **b**, **c** et **d**.

6. a et **c**.

7. a et **d**.
Lors d'une utilisation prolongée et/ou à forte dose, une tolérance et un risque de dépendance physique et psychique peuvent se développer et entraîner un syndrome de sevrage à l'arrêt du traitement (b. et c. faux).

8. b et **c**.
La pharmacovigilance s'intéresse aux effets indésirables des médicaments, qu'ils soient avérés ou potentiels (a. faux).
Elle s'appuie sur des bases réglementaires nationales et européennes (d. faux).

9. a, **b**, **c** et **d**.

10. b, **c** et **d**.
La pharmacovigilance recense toutes les anomalies survenues, que ce soit dans des conditions d'utilisation conformes ou non (a. faux).

QROC

1. La fréquence des événements indésirables médicamenteux dépend :
– du médicament ;
– de la sensibilité individuelle du patient ;
– de son âge ;
– de son état nutritionnel ;
– de la grossesse ou de l'allaitement ;
– des particularités génétiques de chaque patient.

2. Une erreur médicamenteuse est :
– avérée lorsqu'elle résulte de l'administration au patient d'un médicament erroné, d'une dose incorrecte, par une mauvaise voie, ou selon un mauvais schéma thérapeutique ;
– potentielle si l'erreur est interceptée avant l'administration du produit au patient ;
– latente (ou risque d'erreur) s'il s'agit d'une observation témoignant d'un danger potentiel pour le patient.

Étude de cas

1. Le traitement par antivitamines K nécessite une surveillance biologique de l'INR (International Normalized Ratio). Ce résultat est le témoin de l'efficacité du traitement. Il doit être compris entre 2 et 3. Si le résultat est supérieur à 5, cela indique un risque hémorragique élevé et pourrait expliquer, dans le cas de madame S., l'hématurie macroscopique pour laquelle elle consulte ce jour.

2. L'heure de la prise médicamenteuse renseignera sur la compréhension des informations données à la patiente pour la prise et le suivi du traitement.
Madame S. devra toujours avoir son traitement avec elle et le prendre le soir pour pouvoir le réajuster si besoin en fonction du résultat biologique effectué le matin.
Ces informations renseigneront l'infirmier(ère) sur l'observance du traitement de madame S.

Prescriptions et administration médicamenteuse

QCM

1. c.
La retranscription des prescriptions est strictement interdite pour éviter le risque d'erreur de retranscription (a., b., et d. faux).

2. b.
Un protocole est une prescription pour un ensemble de personnes dans un contexte identifié. (a., c. et d. faux)

3. a et **c.**
Dans un contexte d'urgence, la prescription médicale n'est pas requise. L'IDE doit mettre en œuvre les actes conservatoires nécessaires et effectuera un compte rendu des gestes effectués, écrit, daté et signé qui sera remis au médecin (b. et d. faux).

4. c.
L'IDE peut être confronté(e) à des prescriptions illisibles ou erronées. Il est de sa responsabilité de solliciter le prescripteur afin d'assurer l'administration médicamenteuse en toute sécurité pour le patient (a., b. et d. faux).

5. d.
Tous les médicaments ne peuvent pas être écrasés pour être administrés (a. faux). Le médecin doit être interpellé pour adapter la forme galénique aux difficultés du patient (b. et c. faux).

6. c.

7. a et **d.**
La traçabilité de l'administration d'un traitement doit se faire en temps réel par le professionnel qui l'a effectuée pour éviter qu'un autre professionnel n'administre à nouveau le traitement (b. et c. faux).

8. c.
Le patient ne conserve pas son traitement personnel (a. faux). Il est à nouveau prescrit à l'identique ou non par le médecin après examen médical.
Le traitement est rendu au patient à sa sortie.
(b. et d. faux)

9. a, c et **d**.
Les médicaments ne sont pas des dispositifs médicaux (b. faux).

10. b et **d**.
Tous les professionnels présents dans l'établissement scolaire doivent être en mesure d'effectuer les gestes nécessaires en situation d'urgence afin de préserver le pronostic vital de l'enfant, hormis avis contraire du médecin prescripteur et du médecin de la structure d'accueil (a. et c. faux).

QROC

1. Contrôles effectués par l'infirmier(ère) avant l'administration d'un traitement :
– vérification de la prescription ;
– vérification de l'identité du patient ;
– vérification de ses antécédents (allergie) ;
– évaluation de son autonomie ;
– évaluation de son état clinique.

2. L'infirmier(ère) peut effectuer une prescription de dispositifs médicaux :
– s'il(elle) agit pendant la durée d'une prescription médicale d'une série d'actes infirmiers ;
– s'il(elle) agit dans le cadre de sa compétence ;
– s'il n'existe pas d'indication contraire du médecin.

Dépôt légal : septembre 2017 – N° éditeur : MAGSI20230021 - N° Imprimeur : 022374503

Achevé d'imprimer en février 2023 en France par Présence Graphique - Monts

PEFC 10-31-2677

FABRIQUÉ EN FRANCE